DIREITO
COMPLEMENTAR
ENERGÉTICO-EMOCIONAL
AOS PROFISSIONAIS JURÍDICOS DA NOVA GERAÇÃO

Copyright© 2020 by Literare Books International
Todos os direitos desta edição são reservados à Literare Books International.

Presidente:
Mauricio Sita

Vice-presidente:
Alessandra Ksenhuck

Capa, diagramação e projeto gráfico:
Gabriel Uchima

Revisão:
Ivani Rezende

Diretora de projetos:
Gleide Santos

Diretora executiva:
Julyana Rosa

Diretor de marketing:
Horacio Corral

Relacionamento com o cliente:
Claudia Pires

Impressão:
Evangraf Editora

Dados Internacionais de Catalogação na Publicação (CIP)
(eDOC BRASIL, Belo Horizonte/MG)

D671d	Dominguez, Marcela. Direito complementar energético-emocional / Marcela Dominguez. – São Paulo, SP: Literare Books International, 2020. 16 x 23 cm ISBN 978-65-86939-72-9 1. Literatura de não-ficção. 2. Direito – Filosofia. 3. Gestão emocional. I. Título. CDD 340

Elaborado por Maurício Amormino Júnior – CRB6/2422

Literare Books International

Rua Antônio Augusto Covello, 472 – Vila Mariana – São Paulo, SP.

CEP 01550-060

Fone: +55 (0**11) 2659-0968

site: www.literarebooks.com.br

e-mail: literare@literarebooks.com.br

Prefácio

A vida insiste em nos surpreender. Melhor assim, este horizonte de possibilidades nos abre caminhos para o novo, de encontros improváveis, mas que se mostram tão naturais quanto necessários.

A surpresa pelo convite para escrever algumas linhas sobre o livro da Marcela, minha querida colega na Pós-Graduação em Gestão Emocional nas Organizações/Einstein-SP, convidou-me a refletir sobre o que uniria nossos mundos. Mesmo tendo o Direito como âncora, minha vivência de mais de 30 anos como Promotor de Justiça no Rio Grande do Sul poderia ser um obstáculo à aproximação com uma jovem advogada paulista.

E, na verdade, mesmo diante da complexidade que cada uma de nossas vidas possa tomar, para mim está muito claro o que nos liga, olhar o Direito sem as amarras que a tradição jurídica tenta envolvê-lo. Buscar um olhar e uma abordagem que fujam do tradicional trabalho técnico de interpretação e, com novos instrumentos, aproximar a nossa prática de uma ideia mais completa e humana do que nós mesmos somos e o quanto isso está intimamente conectado com a nossa vida em relação aos outros.

A expressão que circunscreve esta visão diferenciada, "energético-emocional", pode causar certo estranhamento a quem lida com o Direito em nosso cotidiano. Estaríamos nos afastando da noção moderna de ciência jurídica? Estaríamos abrindo mão de séculos de intenso trabalho para construir um sistema racional e que indicou o caminho hermenêutico que, majoritariamente, sequer é questionado?

Nossa prática é bastante reticente a novas abordagens e quem as faz, todos sabemos, tem que se conformar em ocupar pequenos nichos, que parecem ser abertos com o simples objetivo de, por vezes, soltar um pouco da pressão criada por uma concepção que não dá mais conta de uma realidade muito complexa.

Como seres vivos, somos energia em estado bruto, convivendo com inúmeras contradições e diferenças, sempre tentando encontrar um equilíbrio, que, no entanto, sabemos, é passageiro. Mal compreendemos que esta homeostase depende, a todo o momento, que várias forças atuem, tornando a existência um exercício constante de busca, sem respostas simples.

E, esta força energética, por vezes fora de controle, ainda tem que interagir com o que é mais íntimo dentro do comportamento humano, as emoções. Realidade que vem sendo ignorada, como de menos importância, dentro do mundo do Direito. O sistema é reconhecidamente disfuncional, mas é aceito e replicado sem maior discussão. Por quê?

Pois bem, de uma forma bastante original e com uma escrita instigadora, é o que a Marcela percorreu nesta escrita que une visões pouco correntes no Direito e que, se posso apontar uma discordância, nada tem de "complementar". Esta é uma visão que precisamos, como fundamento, para construirmos uma prática que não esteja ligada a teorias, racionalmente bem estruturadas, mas que já não dão conta de uma realidade complexa e que só reproduz injustiça.

Tenho certeza de que a leitura do livro será de muito benefício a todos que, verdadeiramente, importam-se com um Direito que saia às ruas e não prossiga preso dentro das restritas salas do mundo jurídico.

Darwin Ferraz Reis
Promotor de Justiça/RS

Prefácio 2

Fui apresentada ao Direito Complementar Energético-Emocional pela querida Marcela, minha ex-aluna na graduação da Faculdade de Direito da PUC/SP, dado que comprova uma das premissas desta obra: estamos, a todo momento, aprendendo e reaprendendo uns com os outros.

Tendo como ponto de partida a importância do autoconhecimento, este livro nos conduz à irrefutável conclusão de que a formação do profissional do Direito deve ser muito mais ampla do que a proposta nos atuais currículos oficiais das diversas Faculdades do país.

Vivemos numa época em que a inteligência artificial e as diversas facilidades tecnológicas disponíveis em nossa área propiciam a redação de uma petição, de um contrato ou mesmo de uma sentença judicial em um único clique.

Justamente por isso, não há dúvidas de que o maior ativo dessa profissão, especialmente nos dias de hoje, "é o campo mental dos profissionais da área" (p.94), como afirma a autora.

Deste modo, qualquer que seja sua (futura) área de atuação jurídica, é cada vez mais necessário investir na capacidade de compreender e autocontrolar as próprias emoções e reações, utilizando esta poderosa ferramenta para influir em seu entorno profissional, gerando uma interatividade positiva e, assim, resultados profícuos.

Muito mais do que conhecer os textos legais e a jurisprudência de nossas Cortes, portanto, esta é certamente uma das habilidades que definirá o bom profissional jurídico do futuro. Daí a a importância de todos os conceitos trabalhados ao longo deste livro.

Tomemos como exemplo o fato de que a primordial função do Direito na sociedade, a de solucionar conflitos, vem passando por inúmeras transformações nos últimos anos no Brasil.

O Código de Processo Civil de 2015 tornou obrigatória a fase preliminar de conciliação (Artigo 334). A busca pela solução consensual dos conflitos (Artigo 3º) por meio da arbitragem (Lei n.º 9.307/96) e da mediação (Lei n.º 13.140/15) vem ganhando cada vez mais força e ferramentas nunca antes cogitadas em meios judiciais, como a constelação familiar, vêm sendo oficialmente adotadas em diversas Varas de Família país afora.

É urgente, então, que o profissional jurídico da contemporaneidade tenha o conhecimento e a aptidão necessários para atuar nesta nova realidade. Para tanto, a obra nos propõe e instiga a percorrer um interessante caminho reflexivo com o objetivo de explorar nosso corpo, nossas emoções, nossos valores e nossas motivações, buscando nos aprimorar enquanto seres humanos e, consequentemente, como profissionais. Trata-se de uma excelente novidade para a cultura jurídica brasileira.

O bom êxito desta obra também se deve à ótima articulação entre todas estas ideias e exemplos concretos, que demonstram, a todo momento, a assertividade de suas ponderações. As reflexões propostas ao final de cada capítulo nos fazem parar um instante e olhar para nós mesmos, reavaliando nossos propósitos e sugerindo a libertação de condicionamentos limitantes, em busca de um autoconhecimento determinante para nos tornarmos profissionais jurídicos mais completos e realizados.

Por esses motivos, esta oportuna e instigante obra é de leitura necessária a qualquer profissional do Direito, desde os que agora iniciam seus estudos até os que militam na área há anos. Afinal, "nunca é tarde para iniciar a busca pela evolução pessoal e contribuir para um mundo melhor" (p. 82).

São Paulo, 20 de setembro de 2020.

Marina Faraco Lacerda Gama
Professora da Faculdade de Direito da PUC/SP

Prefácio 3

Quando a Marcela me convidou para escrever o prefácio deste primeiro livro publicado por ela, lembrei-me dos anos em que convivemos na Pontifícia Universidade Católica de São Paulo - PUC/SP, onde cursamos direito.

Desde que a conheci, percebi uma curiosidade muito grande pela complexidade do ser humano, uma vontade de ir além das disciplinas técnicas do curso e se aprofundar em todo o ferramental humano necessário ao desenvolvimento de qualquer carreira.

Acima de tudo, a Marcela foi resiliente e, mesmo sabendo que precisava atender a este chamado do seu próprio caminho, seguiu firme, graduou-se, trabalhou no contencioso, no tributário, área com a qual me dedico e, assim, ela pode finalmente reunir os elementos que precisava para elaborar esta obra.

Ela tinha a teoria de um lado, a que vinha do arcabouço da graduação, em disciplinas como a ética, como muito bem ela desenvolve também neste livro, mas com outro enfoque, como também ela adquiriu o necessário olhar para o início da carreira do profissional do direito.

E, mais ainda, o que este profissional precisa carregar consigo, que vai muito além da bagagem teórica e experiência jurídica, mas é um conjunto de atributos, virtudes e autoconhecimento, que vão permitir um amadurecimento muito mais sólido deste profissional do direito que ingressa em uma carreira tão essencial para a nossa sociedade.

A Marcela aborda os assuntos de forma espirituosa, na linguagem do público a quem pretende atingir, mas não deixa de citar diversos autores que a ajudaram a trilhar este caminho em direção ao autoconhecimento e a vontade, agora com esta obra, de ajudar os profissionais de direito a buscarem seus próprios caminhos, de forma humana, ética e responsável perante o mundo.

Desejo à minha querida amiga Marcela muito sucesso nesta caminhada e que os leitores deste livro encontrem nas palavras dela: caminhos, verdades, planos e desafios a serem perseguidos e suplantados na bela carreira de operador do direito.

Natalia Manole Pimentel Mendes
Advogada Tributarista

Prefácio 4

Ser um profissional do Direito não é uma tarefa simples. Seja qual for a sua ocupação, se você atua nessa área, provavelmente ela demanda muito estudo e dedicação.

Além disso, trabalhar no âmbito jurídico implica em se relacionar. Apesar de pouco colocada em ênfase, a faceta que circunda essas relações é tão importante quanto um preparamento teórico.

Por exemplo, tão necessário quanto dominar leis e teorias é saber desenvolver uma consciência, por meio do autoconhecimento, sobre autocontrole, para que você não bloqueie a região cerebral responsável pelo raciocínio ou para que não aja impulsivamente e se arrependa posteriormente.

E essa situação ganha especial importância frente a uma sociedade cada vez mais tecnológica e próxima da automatização.

Antes de ler este livro, aprendi com a autora algo crucial para a minha trajetória jurídica: ela, justamente, me alertou e ensinou sobre a importância do autoconhecimento e do autocuidado; da inteligência emocional e da autoanálise.

Eis que a presente obra surge para todas as pessoas interessadas em desenvolver um filtro crítico sobre si mesmas, capazes de respeitar o espaço de comunicação de todos e de absorver para si apenas as informações compatíveis com o que acredita.

É sobre o incentivo a uma vida mais consciente, em que seja possível, a partir de técnicas, de ferramentas e de estudos, com sabedoria e auto-observação, perceber e estar no controle dos seus episódios emocionais, com relações mais saudáveis e pacíficas.

Acredito que você já se deparou ou já viveu episódios, no âmbito profissional, que envolveram ansiedade, depressão, síndrome de *burnout*, acúmulo de estresse, insônia, dentre outras questões atreladas à intensa e prejudicial relação com o trabalho.

E sobre essa realidade, o convite deste livro se traduz em um corta-caminho para o seu equilíbrio de vida, para que você inicie uma trajetória pessoal com muita consciência e completude, tornando-se alguém capaz de entender e dominar os conflitos que, inevitavelmente, te cercam.

Desejo a você, leitor, uma vivência inesquecível, assim como foi e tem sido a minha!

Com carinho e admiração pela sua escolha,

Manuella C. Navarro Lippel
Advogada Criminalista

Prefácio 5

Primeiramente, gostaria de dizer que tenho muito orgulho, admiração, carinho e amor pelo ser humano autêntico, especial e raro que a Marcela é!

Este livro, para mim, abre as primeiras portas de um grande processo de ressignificação e encontro de um novo campo de consciência nas profissões humanas. Dentre elas: o Direito.

O DCEE e todo o conteúdo trazido nos faz refletir a importância da ORDEM dos fatores mais profundos que existem em nós e que, de alguma forma, foram rejeitados e acumulados de geração em geração, criando o próprio caos e a DESORDEM nas relações humanas. Consequentemente, isso nos resultou em ciclos repetitivos, que cada vez mais eram repassados e ensinados a toda a sociedade.

O universo jurídico possui literalmente um grande poder nas mãos: compreender esta reordenação de crenças, medos, limitações e a origem de todos estes sistemas, para que as novas experiências humanas possam se desenvolver com fluidez, potencial e organização de agora em diante.

Este livro nos traz passos essenciais para o encontro do autodesenvolvimento humano, algo que como a Marcela me inspirou em um dos capítulos: é um caminho que todos precisam trilhar, pois é a integração de quem somos no mais puro reconhecimento interno e de como nos comportamos no mundo aqui fora, com outros seres (que também estão em desenvolvimento).

O preparo emocional para profissionais desta área traz o devido suporte e a base completa e substancial para todos os demais processos que esses operadores encabeçarão, em qualquer vertente que o Direito trabalha.

A empatia, como também citado, é um dos campos de conhecimento interno humano mais importantes, já que RECONHECE a experiência alheia como espelho e parte de um aprendizado. Sendo assim, é possível encontrar raízes de problemas e questões familiares, conjugais, trabalhistas e, claro, humanas, quando estamos englobando o poder emocional, espiritual, mental e físico nesta profissão.

Com certeza, com a ordem das relações humanas, obtendo este conhecimento do DCEE junto a tantas técnicas disponíveis e profundas que também agregam em nosso desenvolvimento, poderemos construir uma nova memória de uma sociedade mais harmônica, prudente e cuidadosa, íntegra e conectada com suas relações internas e externas.

O campo de estudo jurídico possui um grande papel nesta transformação e preparação para as novas formas de se viver em sociedade. O futuro das nossas gerações depende dessa conscientização.

Marcinha Bello
Engenheira | High Performance Coach
e Terapeuta | Fundadora Emana Project®

Carta aberta ao profissional jurídico

Olá, querida pessoa,

É um prazer imenso ter alguém tão maravilhoso como você lendo estas humildes palavras que aqui escrevo.

Sei que esta carta leva como título "Carta aberta ao profissional jurídico", porém, como disse em minhas saudações iniciais, gostaria de conversar com a pessoa por trás desse profissional agora.

Essa pessoa, que no caso é você, desempenha um papel muito importante em minha vida. Por intermédio de você, pude me ver no espelho e me reconhecer como sendo, primeiro, uma pessoa.

E esta carta quero que sirva como um agradecimento a tudo que pude aprender com todas as pessoas que passaram por mim.

Sendo assim, antes de mais nada: muito obrigada!

Comecei esta carta escrevendo algo direcionado a mim mesma, como se eu pudesse conversar comigo durante a minha formação, bem no comecinho de tudo.

Todavia, logo parei.

Honro e agradeço toda minha trajetória até aqui, mas decidi que o que gostaria de dizer teria mais sentido se fosse direcionado para além

DIREITO COMPLEMENTAR ENERGÉTICO-EMOCIONAL

de mim. Dizer-me tudo o que quero serve para acolher meu ser por completo, com todas as minhas falhas e vitórias, mas não tem o poder de trazer ao mundo um pouco do que eu aprendi.

Por conta disso, me dirijo a você e espero, do fundo do meu coração, que em algo todas essas palavras possam te ajudar.

Queria te dizer que te vejo, te vejo em sua essência! E, com prazer, eu abraço todas as vulnerabilidades do seu ser, pois é como gostaria que assim o fizesse comigo.

Aprendi com uma pesquisadora, Brené Brown, que aceitar nossas vulnerabilidades não nos faz fracos. Muito pelo contrário: demonstra o que é ser corajoso em sua mais pura forma.

Apenas alguém corajoso de fato aceita tudo o que é. Você não é só uma coisa, não é apenas sua profissão, nem é somente a figura que desempenha em casa. Você não tem limite, você é tudo que quiser ser. E sim, você pode sim ser tudo que quer ser, não existe barreiras para o desenvolvimento de sua potencialidade.

Eu te asseguro isso!

Por isso, você, pessoa, que escolheu por alguma razão estudar a vasta ciência do Direito, você é um Universo inteiro, liderado por um coração.

Eu te vejo dessa forma, eu vejo essa vastidão, eu vejo seu caminho, sua história como um todo, um lindo todo que inclui seus ancestrais, suas obrigações, sua educação, suas crenças, suas dores, suas conquistas, seus amores, sua essência, seus aprendizados e todas as suas escolhas.

Eu não te defino, deixo que você, a cada dia, seja uma melhor versão de si, pois não vejo a vida inerte. A vida é movimento, é um fluxo perfeito de acolhimento e desapego, que nos permite experienciar tudo de mais maravilhoso que ela tem a oferecer.

CARTA ABERTA

Te vendo dessa forma, gostaria de conversar com seu coração sem armas. E abrir aqui, para você, o meu coração também.

Eu escolhi estudar Direito na faculdade por ter muita sede por justiça, pobre de mim que achava saber o que era ser justo.

Percebi que aquelas profissões, englobadas pela faculdade que escolhera, eram (e seguem sendo) muito maiores do que qualquer definição limitante. Vejo por meio delas duas palavras muito fortes, abstratas, ricas e infinitas: pessoas e paz.

Essas palavras me inspiraram a seguir, mesmo vendo que definitivamente eu não sabia o que era justiça em sua essência. Eu tive milhares de sonhos e vontades durante este meu período acadêmico inicial, achava que sendo advogada seria feliz. Comecei minha jovem carreira estagiária no contencioso, crente que estava diante de minha paixão profissional.

Acabou que não, aquilo não era para mim!

De cabeça erguida, segui estrada, caminhando para uma área que jurava nunca pisar: lá fui eu para consultivo tributário. Apesar de minha errônea crença inicial, eu gostei e estendi minha estada nessa área por um bom tempo, variando de funções.

Eis que um dia aquilo já não mais me completava, e uma incansável voz interna me dizia que haveria de ter uma vida com mais sentido. Não que o trabalho em que eu atuava não fizesse sentido, apenas que aquilo não supria por completo o desejo do meu coração, pelo menos não mais.

Reconhecia com toda minha gratidão o quanto esse caminho, exatamente como foi, agregara em meu ser, mas estava certa de que era hora de me reinventar.

Ninguém nunca me entendeu, diziam direto que eu estava desperdiçando talento e oportunidades, estava construindo um fluxo instável em minha carreira, estava perdida e precisava saber exatamente o que eu queria fazer para o resto da minha vida.

Como uma boa virginiana que sou, de sol e lua, mantive minha decisão e prometi para mim mesma que, independentemente do rumo que minha vida tomasse, eu o percorreria com todo meu coração.

Então cheguei à conclusão que a magistratura era meu grande sonho. Naquele momento pensei que, em um posto de juíza, eu poderia cumprir com a vontade de meu coração de fazer mais pela sociedade, de buscar essa tal justiça que havia me trazido ao Direito e que eu ainda não havia encontrado.

Com o olhar de uma criança conhecendo o mundo, caminhei para minha função no Tribunal de Justiça, onde tive a enorme honra de conviver com pessoas que com certeza afirmo terem significado muito para mim. Por um acaso da vida, fiquei por dois anos acompanhando o trabalho de uma Desembargadora na Câmara Especial de Criança e Adolescente.

Sim, pasme! Fui direto e reto de um cenário tributário empresarial privado para um ambiente público que cuidava de crianças e adolescentes, as quais pleiteavam algum tipo de auxílio do Estado.

Eu me mantive seguindo o fluxo da minha vida, mas sempre no comando de minha realidade, sendo fiel à vontade que havia em meu coração, independentemente de qualquer crença social limitante que tentasse me impedir.

Estava ali, vivendo o que considero como sendo a segunda etapa da minha formação acadêmica como profissional. Era o segundo cenário, que hoje entendo a importância, no qual a vida me inserira para que eu reconhecesse outras figuras de "pessoas e paz", que também

CARTA ABERTA

residiam em minha profissão. Além de me proporcionar uma intensa autoexploração, na qual fui apresentada a infinitas outras Marcelas que habitam em mim.

Quanto às "pessoas", eu posso dizer que encontrei (e sigo encontrando), mas a "paz" ainda era a minha grande busca. O significado de justiça então, essa daí foi a última a começar a tomar jeito.

Enfim, voltando...

Acabou meu período neste ambiente e com ele começou o terceiro e mais desafiador estágio dessa minha formação que aqui descrevo. Saí do Tribunal de Justiça com a ideia fixa de que sendo juíza eu teria todos os nutrientes que meu coração pedia.

E mais uma vez, eu estava errada.

Primeiro grande aprendizado da minha vida foi trazido às claras nesse momento: eu definitivamente nada sei.

Estudando para a tão temida prova de concurso da Magistratura e criando laços com todo o funcionamento do sistema jurídico do país, eu comecei a sentir uma frustração no meu coração.

Esse sentimento de aperto foi crescendo em meu peito, me fazendo mais uma vez questionar se era esse de fato o caminho que deveria dedicar minha energia. Como nunca fui mulher de desistir de mim, com muitas incertezas eu segui meu sentimento, deixei que ele me guiasse para a próxima peripécia que inventaria.

Eis que entre muito sofrimento, insegurança, incerteza, medo, cobrança, tristeza e sombras, eu conheci quem sempre foi meu maior desafio e, ao mesmo tempo, minha maior aliada: eu mesma.

Querida pessoa que lê esta carta, foi aí que comecei, enfim, a infinita empreitada consciente de me conhecer. Eu fui levada a um ponto em que não mais explorar partes externas me nutririam, mas sim, apenas percorrer o que eu ainda não tinha me permitido.

E, mais uma vez, lá fui eu, com a cara e a coragem de quem não tem a menor ideia do que está fazendo!

Hoje posso dizer com propriedade que o meu destino como uma profissional jurídica não estava na Marcela advogada de contencioso, nem na tributarista de consultivo, nem na servidora pública, mas sim em todas elas.

O meu Eu profissional não difere do meu Eu como pessoa de sentimentos, emoções, humores, sonhos, desejos, vontades, passado, presente, futuro, criança interior, jovem exploradora, velha conservadora e por aí vai. Sou apenas eu, e, ao mesmo tempo, sou muita coisa.

Eu descobri, entrando nessa missão de entender 'quem sou, porque cá estou e para onde vou', que não chegaria a tal "paz" que tanto buscava enquanto não me aceitasse como um todo. Como um ser complexo, por isso completo. Assim como você.

Parei de me limitar e percebi que isso sim começou a nutrir meu coração. Com esse propósito alinhado e me conhecendo cada vez mais, comecei a experimentar a parte da paz que tanto procurava dentro da minha profissão. E esse caminho me ensinou que não preciso necessariamente seguir uma das linhas tradicionais já existentes no mundo jurídico. Afinal, em minha opinião, nenhuma delas cuidava exaustiva e completamente do complexo combo de "pessoas e paz", que para mim significava meu campo de estudo.

Eis que nesse trajeto tropecei com mais inúmeras Marcelas (partes de mim) e tenho certeza de que continuarei a conhecer várias.

Todas elas, hoje, me possibilitaram trazer uma nova visão de um profissional jurídico aqui, uma visão sem separação, sem dualidade, uma

CARTA ABERTA

visão que abraça toda a complexidade e diversidade que existe em cada um de nós. Passei a entender, enfim, o quão rica e linda pode ser a missão de alguém que entra nesse mundo, tendo como meio a arte de se relacionar com pessoas e como foco a disseminação da famosa paz, junto de tudo que ela engloba.

Esse caminho é simples, não é fácil, mas é simples.

E eu estou aqui, querida pessoa, para dizer que esse profissional completo, compassivo, competente e extremamente capaz que você tem dentro de si, que alimentará a paz no mundo, faz parte do mesmo sistema que te comporta como pessoa. Então eu afirmo, sem medo: o trabalho começa em nós.

A missão dentro de cada uma das carreiras jurídicas possui uma alma de ordem e relevância muito maior do que possamos imaginar. Tenho muito orgulho de dividir essa missão contigo!

Convido você, ser complexo, a estudar mais uma área da vasta ciência do Direito, uma área que compila ferramentas que podem te auxiliar a manejar todas as demais áreas com as quais você decidir mexer. A diferença é que a abordagem de "pessoas e paz" aqui tem outro direcionamento, meu foco é cuidar de você, da sua pessoa e sua paz, que faz também parte de sua faceta jurídica - tão importante quanto qualquer outra.

Só começamos a entender as pessoas, entendendo a nós mesmos primeiro. Assim como acredito que distribui a paz aquele que já a tenha visitado em seu coração.

Todo o Direito externo, que você já possui conhecimento, pode agora ser complementado pelas novas visões de mundo, partindo do ponto mais importante: seu coração. Você somente ajuda genuinamente os outros quando seu propósito de vida está alinhado com o que você é para o mundo.

Será um prazer imenso te mostrar uma parte da qual você também tem direito!

E digo mais, já aviso para não se surpreender com as mudanças positivas em sua forma de lidar com sua carreira jurídica (e sua vida!), seu potencial é enorme e o mundo precisa de alguém como você. Sua missão é fantástica!

Como bem diz o escritor Alvin Toffler: "O analfabeto do século XXI não será aquele que não consegue ler e escrever, mas aquele que não consegue aprender, desaprender e reaprender".

Bons estudos, minha pessoa querida! Estaremos juntos neste processo!

Com carinho,

Marcela

SUMÁRIO

INTRODUÇÃO AO DIREITO COMPLEMENTAR ENERGÉTICO-EMOCIONAL.......................23

1. EU SOU...31

2. AUTOCONHECIMENTO..33

3. INTIMIDADE COM O CORPO..43

4. MOTIVAÇÃO..59

5. O QUE É TER ÉTICA?...67

6. RELAÇÕES...91

7. FASE INTRA...103

8. FASE INTER...137

9. FASE ULTRA...177

INTRODUÇÃO AO DIREITO COMPLEMENTAR ENERGÉTICO-EMOCIONAL

A ciência do DCEE veio como uma ferramenta de auxílio e amparo a todas as áreas de estudo e exploração jurídica.

O Direito Complementar Energético-Emocional busca fomentar uma base de inteligência emocional e suporte de energias sutis ao profissional do direito, assim como aos envolvidos nas atividades desse meio.

Por meio de técnicas desenvolvidas a partir de anos de estudos, o DCEE proporciona a criação de uma estrutura emocionalmente sólida para lidar com as mais diversas situações apresentadas na vida real. De forma a investir na harmonia social, buscando a melhor *performance* do profissional, explorando seu potencial máximo de equilíbrio interno e agilidade no raciocínio.

No mais, auxilia o entendimento das energias que compõem a vida humana, ressaltando a importância de desenvolvê-las e geri-las para o melhor resultado em seus objetivos.

Com o estudo aprofundado nas áreas de gestão emocional, técnicas de contemplação, neurociência, física quântica, desenvolvimento da atenção plena, inteligência emocional (*Cultivating Emocional Balance*), mediação transformativa reflexiva, justiça restaurativa, Comunicação Não Violenta e terapias complementares energéticas (como *Reiki, Intuitive Healing, Cristal Reading* e *Thetahealing*), o DCEE comporta uma ciência completa e precisa.

DIREITO COMPLEMENTAR ENERGÉTICO-EMOCIONAL

A partir de experiências teóricas e práticas, esse estudo busca suprir lacunas humanas percebidas no meio profissional e ampliar a compreensão do nosso ser, a fim de contribuir para uma melhor *performance* diária. Leia-se: um belo corta-caminho para seu equilíbrio de vida, alinhando sua verdade com suas potencialidades ocupacionais.

O nicho emocional humano foi negligenciado por muito tempo, posto em uma posição à margem do que era tido como principais assuntos. Deste feito, muitas consequências advieram disso, uma vez que não existia nenhum suporte e treinamento de inteligência emocional nos ensinos vigentes.

A falha é pensar que de apenas teoria se faz um profissional com excelência. Não vivemos mais em tempos de adoração ao acúmulo, visto que estamos abrindo cada vez mais espaço para a ciência do colaborativismo e do pensamento coletivo.

Tendo isso em mente, proponho a reflexão de que cada vez menos precisaremos de pessoas que possuem unicamente conteúdo técnico e que funcionem como máquinas bitoladas. A grande beleza e o imenso poder do ser humano reside na sua complexidade.

Somos feitos de muitas facetas, temos a possibilidade de adquirir milhares de novos dons, desenvolver novas formas de viver, elaborar grandes coisas. Então, por que não explorarmos isso?

Um ser humano bitolado apenas com um conteúdo teórico ralo, que se decora lendo infinitas vezes um mesmo livro, já não será mais necessário, visto que atualmente possuímos um enorme alcance a informações inteligentes e instantâneas.

O diferencial humano residirá, a partir de agora, nos potenciais de cada ser em específico. Apenas pela ampliação da consciência de cada um é que podemos aprender novas sinapses cerebrais e, com isso, melhorar a qualidade de vida.

INTRODUÇÃO

Por isso, a missão do DCEE é exaltar que o autoconhecimento é tão válido quanto dominar o sistema tributário brasileiro, para um advogado tributarista. A diferença é que o autoconhecimento deveria ser universal e obrigatório a todo e qualquer humano.

De nada adianta ter as Leis Tributárias decoradas, se, frente a uma situação incerta, o seu autocontrole for tão instável a ponto de bloquear a região cerebral responsável pelo raciocínio rápido e claro. Ou mais, se no auge de seus 30 anos você já estiver tão emocional e energeticamente esgotado que um surto psicológico ou biológico (por exemplo, o *Burnout*) te impede de seguir trabalhando e joga no lixo anos de preparo e dedicação.

Como dito, somos um ser que possui complexidade, isto é, representamos um todo composto por diversas partes, que são igualmente importantes e essenciais.

Sendo assim, o DCEE concentra seu campo de estudo no cuidado e ensinamento de partes humanas tidas como mais sutis, muito pouco exploradas e difundidas – erroneamente, claro! Afinal, são partes tão importantes como qualquer outra – e que dão incomensurável auxílio ao desempenho profissional, como em todas as demais áreas da vida.

É importante ressaltar que o DCEE não busca complicar a vida de ninguém, muito pelo contrário! O objetivo desse estudo é facilitar tudo, trazendo de uma forma prática e simples pontos básicos e de extrema importância e necessidade, que ficaram anos excluídos de uma educação entendida como fundamental.

Todavia, é equivocado pensar que o caminho do equilíbrio total de nosso ser é um caminho fácil. Assim como todos os seus estudos, esse tema também exige dedicação e disciplina, até que se torne algo habitual e automático.

Uma vez esclarecido o fato de que não temos a intenção de doutrinar ninguém, mas sim propor um conhecimento que te liberta e encaminha a descobrir quem é, te direcionando à sua melhor versão em tudo aquilo que decidir fazer, podemos começar.

PARTE 1

PARTE 1

Bem, como esse tipo de abordagem nunca foi considerado convencional, a estrutura deste livro, assim como sua escrita, também não serão o que se chama de "convencionais".

Dessa forma, posso iniciar servindo como exemplo da primeira lição que gostaria de deixar clara aqui: nesse universo de estudo, em que estamos entrando agora, inexiste regra preestabelecida, e também não tem espaço para a ilusória dualidade do certo e errado, do que deve ser e do que não deve ser. Aqui o correto é tudo aquilo que faz sentido para você (Calma! Tudo será esclarecido).

Já que entrei nesse assunto, é de extrema importância que seja desmistificada agora a visão romântica de palavras como "coração", "amor", "energia", "emoções" e "sentimentos". Quando eu digo que o correto é "o que faz sentido para você", estou me referindo ao que sente genuinamente em seu coração. A palavra coração aqui não tem o objetivo de levar a uma visão poética de sentimentalismo, ocultismo ou mundo dos pôneis.

O coração é um órgão de suma importância para sua sobrevivência aqui no Planeta Terra e, acredite se quiser, TODO MUNDO TEM. Logo, ele é parte inteligente e essencial do ser humano, atua sem estar atrelado à mente consciente.

Entende por quê?

Vamos lá: você precisa intencionar que seu coração exerça sua função a todo momento? Por exemplo, você estipula: coração, agora você vai bater X batimentos por segundo e bombear Y litros de sangue.

Não fazemos isso, né? Esse órgão, assim como outros, possui ações independentes de nossa mente consciente e que, frequentemente, nem paramos para notar que acontecem sempre.

Tendo isso em vista, o que leva a pensar que "ouvir o seu coração" e "agir conforme é confortável dentro do seu coração" deveriam ser falas de um conto de fadas? Ou falas clichês e sem importância sobre espiritualidade?

Aparentemente, nosso coração não funciona conforme mandamos funcionar, nunca fomos ensinados a mandar o coração bater de forma consciente.

Pois bem, agora pergunto: e se o coração tivesse outras funções, mais sutis, que também não sabemos, por não as controlar? Que acontecem a todo momento e nós nem percebemos, pois ocorrem em níveis inconscientes?

Eu lhe digo que existem! E se as quiser experienciar de forma consciente, basta colocar essa intenção e se conectar com o seu coração. Nossos órgãos são sábios em um nível que a mente linear humana ainda não é capaz de entender, e isso vamos explorar mais ao longo do estudo.

Então, que tal começar a treinar a sutileza de perceber seus órgãos e a ligação que eles têm com sua mente consciente?

Quando penso que vou escrever este livro como se eu estivesse tendo um diálogo com meu leitor, meu coração se mantém calmo, não sinto desconforto algum nem me surge à mente nada que aparentemente me impeça disso. Logo, parece que escrever dessa forma, neste livro e neste momento, faz sentido para mim, para minha vida e para a minha verdade.

Mesmo sendo um Manual de Direito? Sim, mesmo sendo.

1. EU SOU

Chega de papo furado sem organização e vamos colocar uma ordem no nosso raciocínio. Antes de iniciar o assunto, é válido explicar o porquê deste livro estar direcionado aos profissionais do Direito.

Eu, quem vos escreve, sou uma advogada formada na Pontifícia Universidade Católica de São Paulo, como já disse na carta inicial. Por isso, sinto que este teste de ressignificar as profissões atreladas ao estudo de uma faculdade de Direito se encaixam no meu espaço de fala.

Vou explicar melhor: acredito que todas as profissões e ofícios tenham que levar em consideração os pontos que serão aqui tratados? Sim. Porém, como sou apenas uma advogada, mesmo que com especializações complementares, me restrinjo ao alcance dessas áreas de conhecimento, uma vez que, por minha experiência, me sinto apta e confortável a me posicionar quanto a elas apenas.

Estando isso claro, vamos ao nosso primeiro ponto.

Antes de sermos mães, pais, filhos, irmãos, tios, sobrinhos, alunos, professores, advogados, juízes, promotores, procuradores, ministros ou qualquer outra coisa que sejamos, somos nós. Então você, que está aqui me acompanhando nesse pensamento: antes de ser qualquer coisa neste mundo, você é você.

Ser você é seu primeiro grande papel na vida, e posso assegurar que, quanto mais você dominar a arte de ser você, mais fácil e bem-sucedido será em qualquer outro papel que escolha desempenhar.

Gostaria muito de dizer que existe um manual de instruções do funcionamento do seu ser, onde está escrito tudo que mais gera bons resultados a você. Todavia, se dissesse isso, estaria mentindo. A única pessoa apta a escrever esse manual é você mesmo, pois apenas você, pela sua experiência, é que pode dizer como funciona.

Então, antes de mais nada, vamos ao primeiro passo para criar um profissional completo: autoconhecimento.

2. AUTOCONHECIMENTO

Primeiro ponto: autoconhecimento não se restringe apenas ao tema de espiritualidade. A consciência do seu autofuncionamento é tão importante quanto aprender a ler.

Se para o seu chefe não funciona trabalhar ouvindo música, isso não quer dizer que para você seja igual; se seu pai rende mais à noite, não significa que você também deva ser assim; se sua criatividade aflora quando você está junto à natureza, que assim seja, você não tem nenhum defeito por talvez sentir bloqueios criativos em um cômodo fechado de escritório.

Cada ser humano é único, e querer implantar padrões e limites como sendo os "corretos" é uma ditadura potencial, que nos afasta cada vez mais da essência humana. Mas atenção, isso aqui está longe de ser uma apologia à desordem, ter o conhecimento de como usar o seu próprio potencial da melhor forma é a mais qualificada ferramenta de autorrealização existente.

As descobertas propostas aqui são pessoais, o que você entenda e conclua como sendo o melhor caminho para sua vida pode não funcionar com o outro. Logo, a imposição é daqui afastada, abrindo espaço para a liberdade de desenvolvimento.

O processo de autoconhecimento não possui fim, é um aprendizado contínuo que o ajuda a enxergar os traços de sua personalidade, gerando autoconfiança e esclarecimento em relação à fase da vida que está vivendo. O resultado disso é apresentar sua força interna.

Aquele que se conhece profundamente, aceitando e criando intimidade com todas as partes que compõem o seu todo, começa a sentir a necessidade de atribuir sentido para o que antes fazia automaticamente e de forma inconsciente.

Todos nós temos direito ao autoconhecimento. Arrisco ainda opinar que este direito se enquadraria como uma subparte do princípio da dignidade da pessoa humana, tão citado em nosso ordenamento jurídico. Vez que a consciência de saber o que é o melhor para o seu ser, em qualquer aspecto, é essencial para que haja um mínimo de qualidade de vida.

Vamos a algumas reflexões: sente-se de forma confortável em um ambiente onde você se sinta seguro e preservado. Pegue um papel e uma caneta, ou qualquer aparato que o possibilite escrever. Farei algumas perguntas e peço para que tire alguns minutinhos para refletir internamente, ficando convidado a escrever nessa folha o que vier em sua mente e o que sentir vontade.

Não precisamos de respostas estruturadas nem que façam sentido. O objetivo agora é que consiga relacionar coisas da sua vida, características pessoais e crenças próprias, aos questionamentos feitos.

Lembrando que não existe resposta certa ou errada para nada neste livro, mas sim aquela que faz mais sentido para quem você é hoje. Antes de começar, peço que abra seu coração e intencione desprender-se de todo e qualquer pensamento limitante que apita na sua cabeça agora.

Explore-se!

PARTE 1

ORÁCULO DE REFLEXÕES I

1. Quem é você? O que queria "ser quando crescer"?

- Se tivesse que se promover em uma conversa de elevador com o chefe dos seus sonhos, como se descreveria? De forma rápida, sucinta e resumida, quais são suas conquistas? O que orgulha em si?

- Vem alguma pessoa em sua mente durante essa reflexão? Quando você pensa nesse assunto dentro do contexto da sua vida, aparece a figura do seu pai? Mãe? Alguém?

- Para você, existe algum acontecimento que esteja atrelado a essa reflexão? Por exemplo: "pensar em como dizer quem sou lembra uma conversa entre minha avó e minha mãe que escutei quando era pequena".

- Nada disso precisa fazer sentido, estamos propondo apenas que você exteriorize as informações sutis que descobrimos estarem atreladas a essa raiz de reflexão pessoal.

- Na infância, qual era sua profissão dos sonhos?

2. Como costuma conversar com você?

- Você tem paciência consigo mesmo? Quando comete algum erro, como é o seu processo de autoperdão? Você se cobra muito? Com que frequência se elogia? Você se ama? Você se xinga? Se considera capaz de tudo?

- De acordo com essa resposta que veio à sua mente, quem você já viu tendo essa relação consigo mesmo? Será que você aprendeu a repetir algum padrão de forma inconsciente? Alguém ao seu redor ensinou, pelo exemplo, que você deve ser gentil consigo mesmo?

Ou pelo contrário, seu modelo mostrou que só aprenderá as coisas sendo duro e rígido consigo mesmo?

3. O que você mais gosta de fazer?

- Aquilo que quando há no seu dia torna tudo melhor; sua hora favorita. O que não pode faltar na sua vida? Por exemplo: "eu preciso acordar e me exercitar"; "meu café-da-manhã é um momento sagrado para mim"; "eu amo desenhar"; "jantar com a minha família é algo que prezo e amo"; "eu adoro dar um mergulho na piscina"; "adoro tocar violão".

- De acordo com sua reflexão anterior, com que frequência arruma um tempinho para fazer isso de que tanto gosta?

- Como você se sente normalmente após essa atividade? Revigorado? Cansado? Tranquilo? Estressado? Feliz? Triste?

- Você consegue observar diferenças no seu dia quando adiciona essa atividade de que tanto gosta, em comparação a quando não a faz?

4. Em que hora do dia se sente mais produtivo?

- Você sabe se é uma pessoa noturna ou diurna? Produz mais às 6h da manhã ou a partir das 18h da tarde? Qual é o momento do dia em que se sente mais disposto para absorver informação (estudar, trabalhar, criar, assistir às aulas)?

5. Por quanto tempo sente que sua atenção se prende a algo de forma íntegra?

- A Neurociência afirma que o cérebro humano é capaz de manter a atenção plena em uma única coisa de 50 a 60 minutos, após esse

PARTE 1

período a atenção inevitavelmente perde força e se esvai.

- Ao ir se conhecendo, sente que seu cérebro se encaixa nesse padrão? Se a resposta for não, você consegue manter sua atenção em um único objeto mais ou menos tempo que isso?

6. Qual é o período de intervalo que o seu ser precisa para conseguir retomar sua capacidade atencional?

- Você é uma pessoa que consegue em 5 minutos retomar seu gás para continuar criando e produzindo ou precisa de 15 minutos? Talvez 20 minutos? Quem sabe meia hora de intervalo seja o seu ideal?

7. Em que tipo de ambiente se sente mais à vontade para dar seu melhor?

- Trabalhar em casa é confortável para você? Ou prefere um escritório com um ar mais profissional? Prefere uma sala sozinho? Ou sala compartilhada traz mais segurança? Gosta de ter lugar fixo ou prefere cada dia trabalhar em um lugar? Prefere lugares fechados ou abertos?

8. Você tem alguma pessoa como inspiração?

- Quem é? Pode ser tanto para área profissional quanto pessoal.
- Por que essa pessoa é a escolhida para te inspirar? O que ela tem de especial que você admira? Com o quanto conhece dessa pessoa, como ela lida com a vida? Saberia dizer quais pontos dela talvez não gostaria de usar como inspiração para sua vida? O que ela fez para chegar ao lugar onde está hoje e que você admira?

9. Como é sua rotina?

- Você se considera uma pessoa que lida bem com rotina organizada? Ou prefere algo menos programado? Você separa seu dia entre parte profissional e parte pessoal? Ou você se considera um ser só, que possui muitas facetas a todo momento?

- Como é sua relação com horários? Você tem disciplina e organização? Se sim, quais benefícios sente que isso traz para sua vida? Se não, consegue dar conta de tudo que tem para fazer ou está sempre "sem tempo"?

10. Como é sua alimentação?

- Você leva em consideração os alimentos com os quais nutre seu corpo? Ou isso não é importante para você?

- Como é sua relação com a comida: tranquila e equilibrada, desconta ansiedade e nervosismo nela, possui neurose excessiva quanto ao que consome ou está negligenciando essa parte?

- Quando se alimenta bem, sente diferença em sua disposição e produtividade? Já relacionou alguma forma de se alimentar com o melhor desempenho do funcionamento do seu ser?

Esses 10 macrotemas anteriormente elencados são parte de muitos questionamentos que podemos (e devemos!) nos fazer. As perguntas colocadas abaixo de cada uma das principais, que estão em negrito, servem como uma forma de destrinchar a sua autorreflexão e mostram um pouco da complexidade que reside em cada um dos tópicos.

PARTE 1

Não se trata de uma lista exaustiva, assim como nenhuma outra que haverá neste livro. A ideia é que essa linha de raciocínio proposta te leve para suas próprias perguntas e te encaminhe para descobertas pessoais.

O verdadeiro por que de entender como seu ser funciona, quando atua melhor e quando tem piora de produtividade, quais pessoas da sua vida seu cérebro relaciona a determinadas áreas de reflexões, em que ambientes rende mais etc., trata-se de "ter vantagem".

Nossa, mas como assim ter vantagem?

Sabendo o máximo de informações sobre si mesmo, você se torna capaz de usá-las a seu favor, de modo que saberá exatamente o melhor momento para tudo. Qual é a forma como melhor responde a determinados impulsos, o que te faz bem, o que não faz, o que te cura, o que te prende e limita, o que te coloca na frente, o que te distrai... Enfim, caminho infinito de possibilidades e conquistas.

Quando me fazem a pergunta: "o que é liberdade para você?", a minha resposta sempre será: liberdade para mim é conhecimento, de tudo, mas principalmente sobre mim.

Vou dar um exemplo, recorrentemente sinto uma dor física em meu coração, a minha auto-observação me mostrou que aquela dor me sinaliza quando estou com gases. Isso porque percebi que, após uns minutos sentindo essa dor, me vinha um desconforto abdominal.

O fato de saber que, quando sinto essa mesma dor específica no meu coração significa que estou com gases, me poupa da descarga de adrenalina que a ideia daquela dor ser uma parada cardíaca me causaria.

Nesse exemplo esdrúxulo, vê-se o poder de libertação que possui o autoconhecimento: sei o que fazer para aliviar meu desconforto e não

DIREITO COMPLEMENTAR ENERGÉTICO-EMOCIONAL

entrarei no fluxo de desespero, acionando partes cerebrais instintivas de sobrevivência, por achar que estou morrendo.

Isso me economiza tempo e saúde. Além de me servir como uma grande lição de gestão emocional. É ou não uma libertação da ilusão que nós mesmos criamos em nosso campo mental?

E isso se aplica a absolutamente tudo. Então, por que não usar a seu favor? Você tem esse direito.

PARTE 2

3. INTIMIDADE COM O CORPO

Filtro crítico

Vimos que saber reconhecer características sobre si mesmo pode ajudar muito na hora de organizar-se e programar suas metas.

Agora vamos pensar juntos...

Você que é gestor de equipe, que lidera um escritório, uma empresa ou apenas seu estagiário: imagine ter essas informações de todas as pessoas que trabalham com você?

Não seria maravilhoso poder organizar seu time de forma a explorar o potencial máximo de cada um dos integrantes? Imagine o impacto benéfico que isso não traria para a saúde de todos, para convivência no trabalho e, não menos importante, para os resultados financeiros.

Invertendo o ponto de vista, quão incrível seria também para uma pessoa ter um chefe que respeita os seus limites e desafios, permitindo que sua atuação seja ministrada dentro do melhor padrão de resultados que poderia existir?

Alinhar ações com a nossa natureza intrínseca nos dá uma vantagem óbvia, que, de tão óbvia, não fazemos. Tenho certeza de que se surpreenderia com os resultados.

DIREITO COMPLEMENTAR ENERGÉTICO-EMOCIONAL

Não estou pedindo para você acreditar em mim agora, pode testar tudo o que estiver aqui escrito e depois me conta quais foram suas conclusões. Inclusive, aconselho que assim o faça sempre.

Entendo que toda informação que chega até nós tem uma razão de ser, deste feito, deve ser acolhida e respeitada. Todavia, nem tudo ressoará na mesma frequência que as células do seu corpo, isto é, nem todas as informações que venham até você serão como um abraço. Algumas delas poderão vir em forma de peteleco; mesmo assim, devem ser reconhecidas.

O que quero dizer é que o ideal seria sempre termos um filtro crítico diante de qualquer discurso, independentemente de quem fale. Toda informação e todas as pessoas merecem respeito, por isso escute com carinho e atenção; nem tudo, porém, você precisa pegar para seu coração.

Aquilo que faz sentido para você, conforta e abraça seu ser, que seja instalado nas acomodações de seu corpo. No entanto, aquilo que não fizer sentido, que seja descartado, mas com respeito. Afinal, nunca saberemos se essa informação não servirá de semente para uma linda flor que há de desabrochar em você no futuro.

Eu adoro relembrar o óbvio, pois como digo sempre e direi mais um milhão de vezes neste livro: há coisas óbvias que precisam ser ditas.

Eu, como uma boa alma de advogada, sempre fui muito questionadora. Mas não era só isso, às vezes me sentia desconfortável em estar ouvindo algo da boca de outra pessoa com o qual eu não concordava. Não sei por que, mas a minha vontade era de interromper a todo instante aquele discurso e impor meus argumentos.

Quando a chavinha virou na minha mente, me indaguei: "o que faz pensar que você possui mais direito de expor sua opinião do que essa

44

PARTE 2

pessoa? O que faz de mim alguém mais merecedora de uma escuta ativa do que os outros?".

Fiquei muito frustrada comigo mesma e com essa reação automática que costumava ter diante de algum assunto no qual eu julgava saber mais que o outro. Mal sabia que não sei é nada. Enfim, quando despertei para essa vontade de mudar esse ponto em mim, o universo, em perfeita sincronia, me ajudou.

Nessa mesma semana eu fui a Santos, uma cidade de praia perto de São Paulo, onde moram meus avós. Conversando na calçada perto de casa, observei uma cena que significou muito para mim.

Havia um senhorzinho sentado em um banco próximo à entrada de uma padaria, observando o movimento da região. Em um dado momento, entrou na padaria uma mãe com sua filha, que deveria ter uns 5 anos. As duas pareciam ser assíduas no local, visto que foram recebidas com muito carinho pelos funcionários.

A menininha, quando entrou, deu um abraço em um homem que parecia ser o responsável pelo espaço. Ele abaixou e entregou para a criança uma flor branca como gesto de afeição, deixando-a muito feliz.

Nesse meio tempo, eu estava lá, ocupadíssima, observando a cena e analisando as personagens dessa história na padaria da esquina de Santos. Assim como eu, o senhor do banco também assistia aos acontecimentos com certa compaixão, ele tinha um rosto leve, uma postura humilde e seus olhos estavam cheios de lágrimas.

Pude notar que não fui só eu que percebi a comoção que pairava naquele velho homem. A mãe fez o pedido no balcão da padaria e, junto da filha, sentou-se na mesinha da calçada para esperar o café da manhã. Enquanto a mãe dava uma olhada nas mensagens do celular, a menininha levantou-se e tranquilamente caminhou até o senhor do banco.

DIREITO COMPLEMENTAR ENERGÉTICO-EMOCIONAL

Com um lindo sorriso, ela estendeu o braço entregando a sua recém-ganhada flor ao velho. Este, sem hesitar, mas com dificuldade, aceitou emocionado a flor, dando uma longa inspirada para sentir o perfume e retribuir a doçura da menina. Ela, feliz da vida, olhou para o senhor e disse: "ela ficou muito feliz ao seu lado", referindo-se à flor. O senhor, sem reação, apenas conseguiu agradecer, enquanto a menininha retornava a sua mesa.

Depois de uns minutos, chegou uma mulher perto do homem do banco, que parecia ser sua cuidadora. Com uma cadeira de rodas, o ajudou a sair dali, mas antes de partir, ele comprou um buquê de flores que vendia ao lado da padaria. Ao passar pela mesa das duas, entregou para a menininha o buquê e disse, ainda com lágrimas nos olhos, que o gesto dela significou muito para ele.

Pode parecer algo normal e corriqueiro, mas enxerguei nessa cena um ensinamento muito grande. A menininha me mostrou que absolutamente todos os seres desse mundo têm o poder de nos ensinar algo, independentemente da idade, sexo, ideologia, religião, estudo, status, classe social, altura, peso, cor etc.; inclusive uma criança. E o senhor do banco me demonstrou o que é ter humildade em aprender com o próximo, respeitando a todo momento o divino que há no outro.

Esses personagens representaram grandes figuras na minha vida, a menina, sem nem saber e com pouquíssimas palavras, pareceu curar feridas no senhor do banco que ele não acessaria sozinho. E o velho me mostrou que, independentemente de ser uma criança a sua frente, lhe ensinando muito por um gesto e poucos dizeres, o respeito dado à menininha foi o mesmo que talvez ele daria estando diante do mais erudito homem do planeta.

Isso serviu de base para esse meu primeiro filtro: todos nós somos mestres e aprendizes. E creio que em nenhum tempo ainda em vida terei o direito de não respeitar o espaço de comunicação do outro, seja verbal ou não.

PARTE 2

Por isso, partindo do ponto de que vou absorver muitas informações o tempo todo, para evitar poluição informativa em meu campo de energia, criei meu crivo crítico. Este é responsável por manter dentro do meu ser apenas aquilo que no momento fizer sentido para mim.

Esse trâmite trata-se de um processo pessoal e interno, no qual vou verificar a compatibilidade do conteúdo que chegou para mim com a minha verdade, ninguém mais participa nesse momento.

Assim, dei umas férias para meu lado retalhador, abrindo espaço para o meu eu observador, capaz de extrair aprendizados até da mais simples flor, mas sempre com prudência, claro!

Já que estamos nesse assunto, vou contar para vocês outro filtro que criei internamente. Essas ferramentas fizeram uma diferença incrível em minha vida, principalmente nos meus ambientes de trabalho: escritórios, fóruns, órgãos públicos e por aí vai.

Filtro empático

O segundo filtro que construí em mim foi o filtro empático, localizado em meu sistema de recepção externa – adoro colocar nomes bonitos e prolixos para coisas simples, acho chique.

Percebi que meu ser possui alguns pontos principais, responsáveis por receberem as informações do meio, sendo que cada um desses pontos reage de forma distinta frente a uma mesma informação.

Quando me abordam com um ataque, por exemplo, sinto que essa energia é principalmente absorvida por um ponto no centro do meu peito e pelas minhas mãos. Considero a energia de ataque aqui mencionada como sendo uma grosseria verbal vinda de alguém, ou uma situação humilhante, ou qualquer que seja o ocorrido que me faça sentir atacada e/ou ameaçada.

Se tem alguma explicação lógica, espiritual ou médica para isso, não saberei dizer, mas vou expor aqui o que pude perceber me observando. Desse ponto, entendi que, quando me invade uma energia de ataque, vinda do ambiente externo, percebo instantaneamente uma sensação de aperto e calor no meu peito, assim como minhas mãos ficam contraídas, frias e suadas.

Todas as vezes que talvez meu organismo tenha se sentido ameaçado, reparei esse padrão de reações físicas acontecendo. Depois de concluir com segurança que isso de fato se repetia, decidi que o usaria a meu favor.

Todas as próximas vezes que senti isso, em uma reunião de trabalho, em uma conversa com meus chefes, em uma situação com algum colega de trabalho, já sabia rapidamente o que era que eu estava sentindo. Sendo assim, sabia como isso poderia acabar.

Afinal, sempre que eu reagia, dominada por uma energia desse tipo, estourava e não me portava como gostaria. Na maioria das vezes, a minha reação imatura e inconsciente era seguida de um profundo arrependimento.

Por conta disso, quando percebo o começo dessas reações típicas em meu corpo e, de fato, estou em uma situação não confortável, já sei que se me deixar levar irei me frustrar mais tarde. Provavelmente serei grossa e, assim, não agirei conforme a pessoa que gostaria de ser.

Então, meu corpo me avisando que essa ressonância entrou em contato comigo, de cara já respiro fundo e digo para mim mesma, mentalmente: "calma, olha você entrando na frequência de ataque, você quer mesmo isso?".

PARTE 2

Essa técnica me ensinou ao longo dos anos a construir uma defesa empática e respeitosa para o momento desconfortável. Ninguém gosta de ser atacado, mas pior que isso, são pouquíssimas as pessoas que já conheci nesta vida que se sentem à vontade com o fato de "não estarem no controle". Eu não era uma dessas, ainda não sou, mas já melhorei muito.

O nosso ego faz, muitas vezes, com que sintamos essa necessidade de saber exatamente o que está acontecendo, para que, com o controle de tudo, não presenciemos a frustração e a vergonha.

A parte do cérebro que é ativada frente a um estímulo externo de ameaça chama-se amígdala, responsável pelo nosso cérebro instintivo. Essa pequena parte nos assemelha a reações automáticas dos animais. Ela está intimamente ligada ao nosso instinto de sobrevivência, de forma que, quando ativada, aciona o sistema de luta e fuga em nosso corpo, nos afastando da parte cerebral capaz de ponderar nossas reações.

Então, o que minhas mãos suadas, frias e contraídas e o aperto no peito me falam? Olha aí, sua amígdala cerebral está sendo ativada, pois você está sob ataque e precisa sobreviver.

Com isso, dentro de segundos, o meu neocórtex não vai ter subsídios necessários para que eu possa responder de forma educada e tranquila a essa situação. Isso porque o sangue, o oxigênio e a minha energia corpórea, assim como todo o resto de meu organismo, estarão programados para seguir os comandos da amígdala, visto que no momento da luta e fuga precisarei de todas as reservas possíveis para sobreviver.

Pense num caos. Pensou? É a descarga elétrica-hormonal que uma desestabilização emocional e energética desse tipo causa no corpo. Por esse fato, criei o querido filtro empático para me ajudar.

DIREITO COMPLEMENTAR ENERGÉTICO-EMOCIONAL

Ele nada mais é do que meu soldadinho interno que, em um momento claramente desconfortável para meu ser, fala comigo e me relembra do estrago que causaria em meu corpo se escolhesse me deixar ser tomada pelo instinto da vaidade.

Esse filtro mostra que existe um *gap* de tempo entre o fato ocorrido e a minha resposta a ele. Muita gente acha que não, entende que uma vez estando em contato com a emoção, necessária e automaticamente reajo sem ter escolha de contornar isso. Falso, tenho escolha sim. Eu sempre posso escolher.

Esse *gap* entre o receber-sentir-responder é manipulável. É exatamente nesse espaço-tempo que instalei meu filtro empático pois, quanto mais eu pratico o ato de respirar e pensar antes de responder, mais intimidade crio com esse espaço de tempo. Esse é o momento que aplico a empatia com o outro e, indiretamente, comigo mesma.

Perceba que a palavra usada deixa de ser "reagir" e passa a ser "responder". Aqui não mais protagoniza minha amígdala, mas sim meu neocórtex e meu córtex frontal. Eu digo para mim mesma: "querida amígdala, não precisa acionar o seu magnífico plano de luta e fuga agora, guardemos para uma real necessidade". Com esse fato, estou fazendo a escolha de reagir de forma pacífica ao cenário que acontece em minha vida no momento.

Uma vez ouvi um professor falando uma metáfora que acredito que se encaixa muito bem aqui: "as pessoas costumam me dizer para subir no barquinho da vida e deixar que as águas do rio me levem para onde for. Não quero isso, opto em instalar um motor nesse barquinho e dirigir para onde quero e escolho".

O filtro empático veio com essa exata intenção, de me tirar de um reacionário automático, que não me fazia bem, para me posicionar em um intencional com propósito.

PARTE 2

Conclusão

Muitas palavras, duas histórias, algumas analogias, vocabulário difícil, várias reflexões e dois filtros. O que faço com toda essa informação? Acho que não entendi nada!

Sendo esse o seu caso, essa parte aqui é para você, com carinho.

O objetivo deste livro é dividir técnicas, ferramentas e estudos que funcionam em minha vida e me ajudam muito. Não cumpro meu objetivo deixando esse monte de informação ainda nebulosa para alguns, correto?

Em suma, este capítulo descreve dois filtros que criei em mim, a partir de meu autoconhecimento, e que me ajudam muito a lidar com os percalços do dia a dia.

O primeiro deles foi o filtro crítico, instalado com o objetivo de respeitar o espaço de comunicação de todos e saber absorver para minha vida apenas as informações compatíveis com o que acredito. A lição tirada dele é que podemos aprender algo com todo mundo. E mais, mesmo discordando de alguma coisa, escolho ter uma postura humilde e respeitosa frente ao outro, pois sei que podem falar o que for, apenas o que fizer sentido para mim é o que ficará em meu corpo, então está tudo bem.

O segundo filtro é o empático, que atua no *gap* de tempo entre um acontecimento desagradável e a minha reação diante dessa situação. O objetivo dessa ferramenta é me lembrar de que tenho escolha.

Entendo que há situações em que apenas um instinto de sobrevivência me salvaria, e dou todo o valor e respeito que essa característica humana possui. No entanto, perante um contratempo de comunicação e ofensa, como foi o caso trabalhado anteriormente, opto por resguardar minha ativação cerebral de luta e fuga e, em vez disso, agir com ponderação e serenidade.

Deste feito, respiro, observo a situação, entendo o que está acontecendo no mundo e dentro de mim. Tendo passado pelo meu filtro empático, respondo.

Ambos os filtros ainda serão explorados e destrinchados no decorrer do estudo.

O que gostaria de ressaltar aqui é uma característica que os dois possuem em comum: estabelecem uma comunicação com o nosso corpo.

Um ensinamento budista deixou em mim o aprendizado de fazer do meu corpo meu melhor amigo. A raiz desse mantra é tornar seu corpo o melhor amigo de sua alma; entendo "alma" aqui como o compilado de toda a nossa estrutura sutil corporal. Existem estudos altamente qualificados e profundos a respeito da anatomia sutil e toda a interação inteligente de informações entre as camadas do nosso corpo.

O que considero importante para ficar como ponto de realce dessa conclusão é que nosso corpo fala conosco. O tempo todo. O infortúnio é que esse assunto também entrou na fila de temas considerados não fundamentais na educação moderna. Sendo assim, a intimidade, o conhecimento e a amizade de cada ser com seu corpo humano é praticamente inexistente.

No entanto, acredito que a necessidade de nos conhecermos e nos ouvirmos está sendo cada vez mais requisitada em nossa realidade. Então, como exercício reflexivo deste capítulo, vou propor uma conversa com seu corpo.

PARTE 2

ORÁCULO DE REFLEXÕES II

1. Escute o que seu corpo quer lhe dizer. Você sente algum desconforto em determinadas situações? Quais?

- Em um momento de estresse, nervoso ou raiva, quais são as mudanças físicas que acontecem em você? E psicológicas?

2. Quais padrões você é capaz de encontrar em si mesmo?

- Existe alguma reação em você que se repete? Se sim, ela está atrelada a que tipo de acontecimento em sua vida?

- Por exemplo:

a) "Sei que todas as vezes que estou muito cansada sinto menos fome e bastante fraqueza. Essa é a forma que meu corpo me diz que precisa de repouso";

b) "Quando vou ficar doente, a primeira coisa que sempre é afetada são meus olhos: fico com vermelhidão, coceira e conjuntivite".

3. Você saberia me dizer quais gatilhos causam reações similares em seu corpo?

- Por exemplo: "todas as vezes que minha irmã me desmente em público sinto raiva e fico com a bochecha vermelha, depois vem uma dor de cabeça". A sua irmã te desmentindo é um gatilho para essa situação descrita.

- Agora, seguindo a linha de raciocínio: "já percebi que, quando eu estou fazendo uma apresentação oral de um trabalho ou projeto para a minha turma ou equipe, e erro alguma coisa, fico também com as bochechas vermelhas e depois tenho dor de cabeça". Errar em uma apresentação é um segundo gatilho que causa as mesmas reações físicas.

- Será que a emoção presenciada nas duas situações é a mesma? Qual é a emoção? Existe um sentimento criado em você que acende no contato com essa emoção?

4. A depender das características do seu corpo, como costumam ser suas reações automáticas? Como você se sente depois?

- Por exemplo:

a) "Sempre que estou irritada costumo reagir de forma impaciente a qualquer coisa que aconteça no meu dia, isso faz com que eu seja muito grossa com todos. Depois sempre me arrependo".

b) "Quando estou em um dia triste, qualquer coisa leve que me magoe já me faz chorar, tipo uma fechada no trânsito. Isso me faz sentir fraca".

c) "Normalmente, quando estou com dor de cabeça e alguém me pede alguma coisa, respondo de forma muito ríspida, pois fico inconformado que a pessoa não respeite minha dor. Depois, penso que poderia ter sido mais delicado e simplesmente explicado que estava com dor".

d) "Se não faço exercício de manhã, fico muito mais sonolenta durante o trabalho, tudo me dá preguiça e acabo passando a impressão de que farei tudo que me pedirem de malgrado. Sempre fico preocupada".

PARTE 2

5. De tudo que percebeu, o que pode te ajudar daqui para frente? O que você quer mudar?

- "Ah, eu percebi que sempre antes de ficar doente tenho conjuntivite nos olhos. Então, assim que começar a sentir desconforto, coceira e perceber a vermelhidão, já vou buscar tomar vitamina C, me alimentar melhor e dormir bem, para evitar que adoeça".

- "Entendi que minha dor nas costas mostra o desconforto que meu corpo tem sentido por eu estar me sentando errado. Sendo assim, vou começar a atentar mais a forma como me sento. Caso sinta qualquer sinal de incômodo, vou levantar-me, dar uma andada e alongar um pouco".

- "Eu não quero mais ser grosseiro com as pessoas quando estiver com dor de cabeça. Quero respeitar meu corpo e minha dor, mesmo assim tratar os outros com respeito. Vou ficar atento quanto a isso".

6. Qual parte do seu corpo mais fala com você?

- Qual parte do seu corpo sempre consegue passar um recado claro?

- Por exemplo: "Ah meus olhos, quando ficam vermelhos e doloridos, sei que é meu corpo avisando que estou adoecendo"; "meu tornozelo, sempre que estou a ponto de tomar uma grande decisão na minha vida, eu o machuco, não sei o que pode ser"; "meu nariz, sempre que estou irritada, fico com alergia e espirro muitas vezes seguidas".

7. Como você costuma se portar quando discorda de alguém? O que sente nessa situação?

- Você sente já ter intimidade com o filtro crítico?

DIREITO COMPLEMENTAR ENERGÉTICO-EMOCIONAL

- Como está sua escuta ativa?

- Qual é seu tom de voz em discussões ou debates? Você percebe algum padrão de mudança física ou psicológica quando está nessas situações?

- Por exemplo: "sempre que vou me posicionar, automaticamente aumento minha voz, e quando vejo já estou gritando. Gostaria de me colocar de uma forma mais serena, vou me atentar a isso. Além disso, sempre em debates, fico com sudorese nas mãos e nos pés. Isso já sei que acontece quando estou nervosa. Quando começar a suar, vou procurar respirar e retomar minha concentração para me acalmar".

8. Você se lembra de alguma situação em que percebeu seu corpo entrando em uma reação instintiva de luta e fuga?

- O que aconteceu para que sua amígdala cerebral fosse ativada? Qual foi o gatilho que fez seu corpo se sentir ameaçado? Quem estava envolvido? Consegue se lembrar de outros casos parecidos? Há algum padrão entre eles?

- Quais foram suas reações nessas situações? Como se sentiu após tais eventos?

4. MOTIVAÇÃO

Enfim, deixando isso agora em *stand by*, adentremos ao próximo tópico: por que você faz o que faz?

Qual é sua motivação diária para levantar da cama e viver seu dia?

Qual o grande motivo que faz com que use seu tempo trabalhando no seu posto atual?

Profissional do Direito, o que te fez escolher essa área?

E não venha com resposta que envolva a palavra "dinheiro", pois já lhe digo de cara que o dinheiro não é uma motivação raiz.

Deixe-me explicar por que digo isso, o retorno financeiro é e sempre será consequência de um ofício bem desenvolvido e alinhado com alguma essência. Todos os seres buscam pelo ganho de dinheiro para sobreviver, pois se faz necessário. No entanto, a energia desse papel de troca foi distorcida por muitos anos.

A função do dinheiro é a de servir como um facilitador de funcionamento comercial, ou seja, trata-se de uma moeda de troca a qual foi atribuído um valor para que o mercado rodasse com mais fluidez e facilidade.

Deste feito, acredito que seja pacífico concluirmos que o dinheiro nos proporciona primordialmente experiências. Com ele, temos a experiência de um lugar para viver, comida para comer, cuidados com nós mesmos e nossa família, estudos, viagens, luxos, locomoção etc.

Isso é bom? Em minha opinião, é ótimo, o raciocínio construído em cima do dinheiro de fato proporciona muitas experiências. E estamos aqui na Terra para experienciar a vida, então cumpre sua função.

Mas qual o problema de responder que o dinheiro é minha motivação principal?

O objetivo de existir um papel de troca é facilitar o alcance a essas experiências, mas acontece que a sociedade, por muitos e muitos anos, não compreendia o dinheiro dessa forma. Como tudo no mundo, o dinheiro também possui um campo de energia que envolve sua consciência, local onde, por lógica, são armazenados informações e pensamentos das pessoas em relação a ele.

No entanto, a energia que começou a pairar a ideia do dinheiro foi aquela atrelada ao lado mais denso de sua concepção, uma vez que a sociedade ansiava por dinheiro baseada, em grande parte, na visão de acúmulo, manipulação e ego.

Essa moeda de troca, criada para organizar experiências, passou a ser um ditador de poder, alimentando guerras, revoltas e crimes em seu nome. Parando para contabilizar a quantidade de anos que a energia do dinheiro viveu em sua sombra, concluímos que muita carga sutil, energética e até material já foi atribuída para fortalecer essa sua face distorcida.

Entendo que, assim como nós, o dinheiro, agora em uma visão personificada, está apto a ressoar de acordo com a maioria dos fluidos de informação que constitui seu campo sutil de energia e consciência. A visão aqui defendida não é a de que o dinheiro seja um vilão, pelo contrário, ele é nosso amigo – afinal, é por meio dele que alcançamos algumas (não todas) experiências em vida.

PARTE 3

O que acontece é que por um longo lapso temporal foi alimentada uma face de sombra da visão do dinheiro, tomando conta de sua vibração, ao invés de intensificarmos a parte de luz da energia dessa então figura de representação de riqueza.

Felizmente, esse padrão distorcido de acúmulo e poder está sendo percebido e ressignificado, de forma que a energia de troca do dinheiro pode, em um futuro próximo, quiçá mudar totalmente de faceta acatada pela sociedade.

Em tempos atuais, vemos uma economia colaborativa criar forças dentro do mercado mundial, dando espaço para que a energia de troca usada não se limite apenas ao dinheiro propriamente dito, mas sim à potencialidade humana.

Para servir como exemplo, cito o aplicativo Bliive que, por intermédio de trocas de tempo e habilidades, as pessoas fazem negócios: o fluxo do sistema acontece viabilizando um espaço para que, por exemplo, alguém que saiba tocar violão e queira aprender a falar inglês possa trocar 1h de aula de violão com outra pessoa que ofereça 1h de aula de inglês, e também busque por uma aula desse instrumento.

Novas possibilidades e profissões estão, e continuarão, surgindo com o decorrer do tempo e a evolução tecnológica que vive o Planeta Terra. Uma nova ciência está sendo desenvolvida e ancorada aqui, possibilitando inúmeras descobertas e maiores alcances de compreensão humana para diversos temas.

Por isso, não haveria nem como descrever o que será do mundo, dentro dessa análise, daqui a 10 anos. A velocidade com que as mudanças têm acontecido e o Planeta tem evoluído é tão grande, que me impede sequer de construir um cenário imaginário.

DIREITO COMPLEMENTAR ENERGÉTICO-EMOCIONAL

Eric Schmidt, presidente e ex-CEO da Google, costuma dizer que, atualmente, "a cada dois dias geramos um volume de dados equivalente ao que criamos do início da civilização até 2003". Pouca coisa, não é!

Não apenas o âmbito de inteligência artificial e fontes de dados e comunicação têm sofrido mudanças. A humanidade tem passado por grandes nuvens de avanço mental, energético e espiritual. Dou um exemplo muitíssimo atual: neste exato momento em que escrevo estas palavras, no ano de 2020, ocorre mundo afora uma pandemia causada por um vírus chamado coronavírus. O presente cenário gerou um movimento jamais visto antes, colocou o mundo inteiro em quarentena dentro de suas casas.

Morando no Brasil, por curiosidade, hoje eu completo 43 dias de isolamento social. E o motivo dessa ação internacional é fazer com que seja evitada a aglomeração de pessoas, visto que o grande problema desse vírus é a velocidade do contágio. Tendo milhares de pessoas contaminadas, muitos leitos de UTI são requisitados em hospitais, uma vez que o vírus ataca gravemente o sistema respiratório, e é neste fato que reside o estrago.

Pela velocidade com que o vírus se espalha, o número de pessoas doentes ao mesmo tempo é muito alto, sendo, pois, maior que a quantidade de leitos de UTI nos hospitais dos países.

Por isso, não existe espaço nem a quantidade de material necessária para cuidar de um imenso número de pessoas ao mesmo tempo, o que, consequentemente, geraria muitas mortes. O afastamento social veio com o intuito de prevenir esse acelerado contágio. Países como China e Itália sofreram grandes turbulências com este cenário.

O mundo, diante dessa situação, se viu obrigado a adaptar-se. Sem poder sair de casa para nada, sem ir trabalhar, com muitas pessoas doentes, desempregadas, escolas fechadas, comércios não essenciais também sem funcionar, uma energia de pânico, histeria e incerteza passou a dominar o ar, o que fez o ser humano acionar o *chip* mental do pensamento coletivo.

É humanamente incompatível uma mentalidade focada no acúmulo, no poder e na manipulação distorcida dentro de um quadro pandêmico como este. Dinheiro nenhum, no ápice da crise, comprava a paz para aquela guerra invisível que acontecia no mundo.

Então, uma onda de colaborativismo, de olhar ao próximo, de pensar no bem de todos e não apenas no seu próprio, de ser sustentável e contribuir para um bem maior começou a fortalecer-se.

Em paralelo, as sociedades foram adaptando-se ao novo ritmo de vida que fora induzido naturalmente à espécie humana, com maior contato *on-line*, aumento do convívio familiar e menos tempo gasto em trânsito e locomoção. O que, consequentemente, gerava a impressão de que o tempo do dia passava diferente.

Além da necessidade de testar novas formas de trabalhar, como o *home office*, e horários mais flexíveis, possibilitando um palco mais propício ao autoconhecimento, entre outras circunstâncias.

Acredito que o mundo esteja mudando, assim como as prioridades da maioria das pessoas. Somos um ser criado para viver em sociedade e inegavelmente há uma força dentro de nós que pede silenciosamente para que façamos algo com propósito, que atinja positivamente a todos.

Por mais rico e bem-sucedido que alguém seja, se dentro de seu coração não houver uma causa que o faça levantar da cama, sempre haverá um vazio a ser preenchido.

Os desejos materiais humanos são infinitos, conforme alcançados e adquiridos, o encanto da vontade de ter algo se esvai, e uma nova paixão surge para te levar a um novo desafio. Isso é um ciclo sem fim, que não entregará a paz interna que tantos procuram.

E o motivo disso é que não importa o que você venda, o que tenha ou o que almeje, mas sim o porquê de tudo isso. Qual é a razão que te trouxe até onde você está hoje? É a mesma razão que faz seu coração pulsar e seus olhos brilharem? E que te supre, apesar de todo e qualquer desafio que haja no caminho (afinal, sempre existirão)?

A reflexão proposta aqui é simples: qual é o porquê de investir seu tempo, energia, saúde, neurônios e vida nesse trabalho que você faz hoje?

De maneira alguma essa reflexão apoia atos radicais e impulsivos de largar seu emprego atual para buscar seu propósito. Não é isso! Você pode seguir sua vida exatamente como ela está, pois a mudança residirá primeiramente em você.

Trazendo à consciência a importância de despertar sua atenção para o porquê de você estar aqui, automaticamente faz com que as suas ações cotidianas tenham mais significado e razão de ser. Além de mostrar talvez coisas que fazia no seu dia e que não faz mais sentido seguir fazendo.

Assim, aos poucos, com paciência e carinho em relação à sua jornada, as coisas começarão a se alinhar com a essência que seu coração vibra, com o seu porquê de estar aqui, e a vida se encarrega de trazer até você os próximos passos do seu caminho, uma vez que decidiu atribuir sentido à sua realidade.

A reflexão da motivação possui um papel muito relevante no seu entendimento como um todo, um ser complexo. O conhecimento de uma causa maior para a sua existência mostra a todas as células do seu corpo o quão essencial é tê-lo vivo neste Planeta, neste período de tempo, cumprindo sua missão. Por isso, é extremamente importante que esse tema

PARTE 3

seja encarado com seriedade e respeito, e não atribuído a uma zona de irrelevância por se tratar de uma abordagem abstrata, sensível e pessoal.

Portanto, você que escolheu exercer as funções possíveis dentro da ciência jurídica, profissões e cargos que exigem muito do profissional e, principalmente, da pessoa íntima por trás dessa posição de ofício, dado que requerem intenso preparo teórico e prático: por que o Direito?

5. O QUE É TER ÉTICA?

Tratemos a seguir de algumas conceituações mais técnicas. Tais especificações farão com que tenhamos mais clareza para seguir as reflexões e aprendizados.

Desafio histórico

Como em toda matéria de Direito, esse tema está sempre presente.

Já pararam para pensar quantas vezes aprendemos o significado do termo Ética?

Eu pelo menos já devo ter lido, relido, aprendido e desaprendido umas 284 vezes no mínimo, isso sem contar matérias específicas como Ética Profissional (essa sim marcou meu período de prova da OAB).

Bem, você pode estar se perguntando: "se já viu tanto, por que trabalhar aqui mais uma vez? Já não foram suficientes essas 284 vezes?".

Minha resposta vai ser sempre não, pois aprendi que infinitas vezes ainda não serão também suficientes. Isso é o que eu acredito ter de mais interessante na espécie humana: somos inacabados. A cada vez que revisito o significado de ética, descubro algo novo, aprendo coisa diversa, isso porque a cada vez que releio já não sou mais a mesma.

DIREITO COMPLEMENTAR ENERGÉTICO-EMOCIONAL

Considero o ser humano como uma espécie em desenvolvimento, que a cada dia se transforma em algo mais. É por isso que decidi trazer uma reflexão sobre ética aqui, para que treinemos manter os olhos sempre bem abertos (e humildade) para compreender detalhes antes invisíveis, principalmente sobre nós mesmos.

Válido ressaltar que este capítulo não tem como objetivo desvendar o grande mistério da vida. Afinal, se nem Guglielmo Marconi[1] foi capaz de compreendê-lo, quem sou eu na fila do pão.

Como disse o físico e inventor italiano:

> É absoluta a incapacidade da ciência para resolver a vida. O fato seria realmente aterrador se não houvesse a fé. O mistério da vida é, decerto, o mais persistente problema jamais proposto ao pensamento humano.

Com isso, vamos à nossa reflexão. Em 1944, um acampamento bosquímano de caça era construído de uma maneira bem pensada. Antes de analisarmos, é importante explicar que as instalações de caça dos bosquímanos não eram fixas, visto que esse povo era nômade na época. Os acampamentos eram erguidos em lugares diferentes, a depender da estação do ano, das condições da terra, das características da caça etc.

Suas cabanas eram posicionadas em círculo, sendo que a abertura para entrar nelas estava direcionada ao lado de dentro dessa suposta roda. Isso demonstra tradições de proteção e coletividade. A tradição é um saber, uma experiência compartilhada que tem raízes ancestrais que se retifica em cada uma das gerações.

---

1 Físico italiano e inventor do primeiro sistema prático de telegrafia sem fios, em 1896. Nasceu em 1874 e morreu em 1937.

PARTE 3

Dado ao fato de que todas as cabanas tinham vista a todas as outras, caso algo acontecesse com alguma delas, alguém poderia logo notar e defender. No mais, as fogueiras eram também feitas para o lado de dentro do círculo, o que demonstra a consciência de compartilhamento desse povo. Qualquer um podia ver o que o outro fazia em seu fogo, de forma que as funções eram também bem distribuídas, a fim de usar a potencialidade de cada um da aldeia para a melhor sobrevivência de todos. Então, os homens caçavam, as mulheres teciam, outras cozinhavam e assim eles iam dividindo as obrigações sociais.

Com o avanço dos anos, o acampamento bosquímano, que antes era de caça, tornou-se pastoril, em 1982, deixando para trás a sua qualidade de nômade. Quando essa comunidade passa ao sedentarismo, podemos notar algumas alterações significativas na estrutura do acampamento.

O fato de agora possuírem um local fixo de moradia fez com que as famílias daquele povo começassem a acumular coisas, que antes consideravam estorvo por terem de carregar tudo até o próximo destino.

O acúmulo trouxe a necessidade de ocultamento, algo bem representado pelo novo posicionamento das cabanas. Antes havia uma formação circular, a qual possibilitava a todos a visão interna da cabana e da fogueira do outro, tornando de conhecimento geral os pertences alheios. No entanto, a iniciação de um acervo de itens pessoais trouxe a exigência de organizar o que era de um e o que era do outro.

Em decorrência disso, as cabanas dificilmente eram constituídas uma em frente à outra, pois se fazia essencial agora a concepção do privado, notada pela existência de cercas também. O acúmulo deu luz ao pensamento do tipo "o que eu tenho pode ser que você não tenha e passe a ser um objeto de desejo", que fundamenta o ocultamento.

DIREITO COMPLEMENTAR ENERGÉTICO-EMOCIONAL

A partir dessa mesma linha de raciocínio, deu-se o aumento de outras comunidades, anteriores a essa e posteriores também, sendo constituídas cada uma em um ponto do globo. Tal fato propiciou o acúmulo de diferentes elementos em cada uma das comunidades, visto que cada terra possuía uma característica abundante própria.

Deste posto, a evolução foi acontecendo e gerando cada vez mais a necessidade de uma organização geral. A diversidade se fez presente em tudo: nas características das pessoas nascidas em cada canto, no comércio existente em cada lugar, nas culturas desenvolvidas a partir de uma determinada forma de vida, nas crenças religiosas e históricas, e em todas as demais particularidades de cada local e povo.

Eis que então nos vemos diante do grande desafio histórico: adversidade.

Ética

Partindo desse ponto, vamos ao raciocínio seguido pelos gregos antigos, com o intuito de entender como compreenderam as demandas necessárias para lidar com a questão da diversidade humana existente.

O primeiro passo foi perceber que o quadro de diversidade demandava um *ethos*. A palavra grega "ETHOS" possui duas escritas diferentes: *êthos* (com a letra grega eta como inicial) e *éthos* (com a letra grega *épsilon* como inicial).

A antropologia, assim como os dicionários de língua portuguesa, define o conceito de *ethos*, uma forma geral, como sendo a "característica comum a um grupo de indivíduos pertencentes a uma mesma sociedade". Partindo desse fato, fica claro o porquê da questão de uma ampla diversidade exigir um *ethos*: vamos organizar nosso raciocínio e separar essa galera.

PARTE 3

No entanto, essa palavrinha grega vai ainda mais fundo nas necessidades de uma diversidade social. Como disse anteriormente, *ethos* possui duas escritas distintas e cada uma delas com um significado próprio.

ÊTHOS (com a letra grega eta como inicial) significa, na literalidade da palavra: morada, habitat, toca de animais, refúgio, ninho. Na língua grega, esse significado deu razão ao nome do campo de ciência conhecido como Etologia, o qual cuida do "estudo do comportamento social e individual dos animais em seu habitat natural".

Ao trazer esse significado de uma forma intuitiva para o comportamento humano, a mente filosófica que traçou esse raciocínio percebeu que a "morada" a qual esse *êthos* se refere, para nós, está ligada intimamente à natureza (vinda da raiz da conceituação) e ao agir humano (*práxis*: autoconstrução de si mesmo).

Então, em parte, podemos concluir que a diversidade humana fica confiada à natureza, responsável pela edificação do habitat, e ao agir de cada um dos indivíduos, que ditará a preservação dessa morada.

Sendo assim, pressupõe-se que essa diversidade humana será distribuída em espaços da natureza, onde garantirão a sobrevivência pelas condições naturais ali encontradas. O agir humano dessas pessoas designadas a esses espaços trará uma consciência de proteção, dando a entender que está atenuada qualquer ameaça à espécie, uma vez que o espaço estará protegido dos predadores. Além disso, também será um local de conforto e familiaridade com seus pares, o que nos leva a um sentimento muito importante: o pertencimento.

Uma pausa para respirar!

DIREITO COMPLEMENTAR ENERGÉTICO-EMOCIONAL

Quão profundo é isso? Muito! Mas não desanime ainda, vamos em frente.

Seguimos ao próximo significado presente no termo grego que estamos estudando, agora com outra escrita.

ÉTHOS (com a letra grega *épsilon* como inicial) trata-se de caráter, hábito, índole, costume. Elementos presentes na espécie humana classificados como intrínsecos e abstratos. Tal composição gramatical da palavra em questão refere-se ao comportamento resultante de uma constante repetição de atos que, por sua vez, visam ao bem comum de todos.

Portanto, a outra parte do êxito da diversidade humana fica confiada à convivência entre os indivíduos, de forma que haja o respeito entendido como costumeiro a toda e qualquer diferença que exista ali naquele *habitat*.

Pois bem, nosso conceito de ética está tomando forma.

A palavra "ética" deriva exatamente da raiz *ethos* do grego, a qual possui duas concepções, como vimos: a ideia trazida pela variante *êthos* e a outra compreensão definida na forma de *éthos*.

Por lógica, conclui-se, então, que o termo "ética" comporta em seu campo de consciência todos os significados e definições que acabamos de estudar.

Consegue dimensionar a complexidade e abstração de todos os conceitos que formam a essência da ética?

Entendo pertinente observar que, como todo assunto que transcorre uma jornada histórica, passando de geração a geração, adaptando-se a diferentes contextos sociais e humanitários e tendo uma tremenda conotação filosófica, a ética já foi explorada por muitas perspectivas brilhantes e distintas, algumas divergentes e outras convergentes entre si.

PARTE 3

Citemos alguns estudiosos do tema (repito: alguns; se formos nos ater a todo ser humano que já se posicionou a respeito da ética, teremos que começar um novo livro) como Aristóteles, Platão, São Tomás de Aquino, Spinoza, Kant e Hegel. Acredito que com essa trupe já teríamos bastante conteúdo para explorar.

Enfim, como a proposta aqui é simplificar, jamais colocaria as teorias prontas de cada um deles a respeito da ética para você decorar, escrever em uma provinha e jogar imediatamente no lixo mental. Nosso projeto é de vida e quero refletir a verdadeira importância desse tema.

Retomando, vimos então a visão grega da coisa: para conseguirmos lidar com a diversidade precisamos de *ethos*, termo que, por seu turno, originou a palavra "ética". Logo, a conclusão a que chegamos por meio dessa sapiência é que uma forma de lidar com o grande desafio histórico da diversidade de povos seria pela ética.

Deixo agora aberto um tempo curto para digerir essas informações.

Digestão feita, vamos continuar.

Pegando brevemente dois dos nomes que mencionei acima, gosto da ideia de trazer contextos distintos em que a ética foi inserida e diferentemente interpretada.

Kant trabalha com uma ética normativa, encaixando-a na base de deveres e obrigações; por outro lado, Spinoza reflete sobre uma ética não normativa, trazendo-a em ações, paixões e impulsos internos como a busca pela felicidade.

Fato é: cada um entende o que quer e/ou o que pode, a partir de seu repertório (educação, costumes, histórico familiar, fatores pessoais, crenças, contexto social etc.). Na antiguidade, com os romanos também não foi diferente.

O Direito Romano, nascido com a fundação da cidade de Roma, em 743 a.C., foi objeto de muitas alterações decorrentes das diferentes fases que viveu tal sociedade. Deste feito, chamo atenção ao período do Império, traçado de 27 a.C. a 476 d.C.

Nessa época, a construção de estradas fez-se essencial para que todas as regiões que compunham o Império Romano pudessem estar ligadas de alguma maneira. Assim, criou-se uma necessidade maior: tudo isso, que já estava interligado, precisava ser administrado de uma forma coerente e benéfica a Roma. A questão geográfica eles ultrapassaram, mas e a tamanha diversidade entre os povos dominados pelo Império?

Mais uma vez diante do problema histórico clássico!

Visualizem a cena: de um lado, o povo que fazia rituais noturnos; do outro, os que faziam diurnos; uns que andavam pelados; outros que consideravam isso um pecado; uns oravam para um Deus; outros, para outro; uns saudavam o Sol; outros, a Lua; uns que falavam a língua X; outros. só a língua Y...

Como colocar a todo mundo baixo uma só vontade e fazer funcionar?

Eis que, então, foram acionadas as famosas Leis jurídicas para esse corpo de direito, dotadas de princípios e obrigações com o intuito de, no mínimo, trazer uma ordem econômica para toda aquela região dominada.

Na elaboração desses textos legais, a ordem romana seguiu uma linha de raciocínio que deu origem ao que nós chamamos hoje de moral.

PARTE 3

Moral

Tendo sido altamente influenciada pelas tradições gregas, incluindo as definições de *ethos*, Roma fundamentou suas Leis imperiais atribuindo à diversidade humana uma "MOR-MORES", radical do latim que originou a palavra moral do nosso vocabulário.

MOR-MORES significa norma, costume, regra, fazer algo conforme os bons costumes. Esse conceito nos passa a ideia de que toda moral é normativa, diferentemente da ética que, a depender da visão em que está sendo interpretada, lidera um contexto normativo ou não normativo (ou ambos ao mesmo tempo).

Essa característica normativa da moral explica seu caráter determinante de um repertório de comportamentos, costumes e valores que visam perpetuar uma organização social. Dado que fundamenta exatamente o objetivo buscado pelos romanos na época do Império citada.

Dessa maneira, essas Leis estabelecidas sob a concepção de mor-mores constituíram um sistema fechado, sem espaço para que o imprevisível tomasse força. Tal organização adotada em todo o vasto território imperial romano deu certo por bastante tempo.

Nesse sistema jurídico imposto, a criatividade era silenciada e eventos aleatórios eram totalmente indesejáveis. O objetivo era controle completo e total, baseado em uma lógica de conservação, repetição e exaltação do passado. Para que houvesse o cumprimento das obrigações, o método de coerção adotado pelo exército romano era na base da violência. Alimentando o modelo educacional de punição e recompensa (ganha-perde).

Sendo assim, quem seguia as regras instituídas era aquele que agia de forma moral. Eis que, então, surge o questionamento: ao seguir tais normas, estaria agindo com moral, mas também me faria ético? Afinal, como agir de forma ética?

Conclusão

Dedico o fechamento desta reflexão à professora Lia Diskin, fundadora da Associação Palas Athena, a qual ministrou uma aula muito especial em minha Pós-Graduação, na instituição de ensino Albert Einstein.

Assim como outras importantes figuras mundiais, inspirada pelo grande legado de Mahatma Gandhi, Lia dedicou sua vida à missão de paz e não violência na humanidade. Esse propósito foi erguido sobre uma sólida base de sua visão de ética.

Com muita honra e respeito a todo carinho que a professora dedica ao tema, trago aqui um pouco do que pude extrair de seu rico entendimento sobre o assunto, amarrando com as informações já trabalhadas neste capítulo.

Baseado em todo o estudo feito a partir das raízes das palavras "ética" e "moral", divido um desenho mental que desenvolvi para visualizar melhor o cenário que proponho agora. Tenhamos a "ética" como força abstrata e invisível, intrínseca à existência do homem, dada ao mundo em formato de essência intangível. Do outro lado está a "moral", atrelada a um caráter tangível, estrutural e normativo, que possui conotação visível e senso de organização externa (social).

Palavras difíceis para deixar o conceito bonito, mas a ideia é bem simples: a ética é uma nuvem de sabedoria que carrega tudo. Nós estamos dentro dessa nuvem, e a moral também.

PARTE 3

A moral trata-se de um "quadrado", estruturado para ditar uma suposta ordem estabelecida por nós humanos, mas a nuvem da ética nunca deixa de questionar tudo que é criado em seu interior, inclusive esse "quadrado".

Pensem na consistência de uma nuvem para ajudar na compreensão, ela está lá compondo uma certa "forma" (parece um algodão), mas tranquilamente um avião passa por seu interior e se inunda dessa substância aerada, sem destruir essa "forma".

Ficou mais claro?

Olhe o desenho abaixo:

Dessa análise, vejo a ética como força etérea que comporta em seu conteúdo tudo que está ligado à vida, incluindo, assim, a moral. Por isso, corroboro com a visão da professora Lia Diskin em classificar a ética como sendo a força questionadora daquilo que funda a moral.

A ética analisa as fontes, bases e princípios que deram suporte ao que se estipulou como sendo moral, de maneira a servir de reflexão sobre esta. Por exemplo, quando por quesitos éticos questionamos alguma lei imposta.

Em sua visão geral, a ética trata-se de um compromisso voluntário e pessoal, uma conquista interna ditadora de um senso humano de bem comum. De outro lado, a moral é algo herdado, em que se nasce inserido.

Os gregos atribuem ao conceito de ética a questão da *práxis* acertadamente, pois, como visto, tal palavra é traduzida para nosso vocabulário como autoconstrução, a qual é feita intimamente por cada um de nós.

A *práxis* carrega a composição completa de um indivíduo, o que faz ele ser o que é, de forma que se há ética impregnada nesta formação, a maneira dessa pessoa encarar a vida será também ética. O sistema jurídico estipulado pela ciência da ética vige dentro de cada ser, de maneira que se criam leis internas que fazem das leis externas cada vez menos necessárias.

A ética reflete o DNA de uma célula social, amparando a convivência e o espírito coletivo em uma vida em sociedade. Fundamenta as ações humanas de modo a fazer com que todos reconheçam e respeitem indubitavelmente a inteligência e singularidade de cada criatura, erradicando qualquer tipo de discriminação e fortalecendo o sentido de "Ubuntu".

"Ubuntu" é um termo africano que significa, na literalidade da palavra, "humanidade", e normalmente é traduzido com o sentido de "sou o que sou pelo que nós somos". A ética é capaz de esclarecer essa visão unitária na mente humana, reiterando o fato de que as suas ações não devem basear-se em apenas benefício próprio, mas sim em uma visão também coletiva. Afinal, você é quem é pelo que todos são, de feito que todos formam uma base para que você desenvolva seu Eu.

Isso faz com que o mundo seja merecedor de ações éticas, bastando como razão inicial o simples fato de servir como habitat para nossa existência. De resto, agir de forma ética com os outros fará com que você receba também tratamento ético, desencapando cada vez mais o verdadeiro sentido da vida em seu coração, o qual luta pelo bem maior e que entende, no fim das contas, que estamos todos na mesma estrada.

O ser humano está dotado de um senso de reciprocidade, o qual nos leva a encarar uma das principais Leis Universais, descrita pelo cientista Isaac Newton, a lei da ação e reação. Para toda ação, há uma reação, de forma que, na interação entre dois corpos, um deles produzirá uma determinada força e o outro a receberá. Por sua vez, o corpo que a recebeu retribuirá também uma força ao primeiro.

Em suma, a terceira lei de Newton possui o seguinte enunciado:

> **"A toda ação corresponde uma reação, de mesmo módulo, mesma direção e de sentidos opostos".**

Essa tese pode também ser aplicada à realidade da vida humana, de feito que a criação na Terra foi sedimentada sob essa ideia de reflexo. A forma como encara os acontecimentos de sua existência vai ditar a maneira como sua vida reagirá.

Todavia, um esclarecimento aqui é de extrema importância ser feito. O objetivo não é fazer com que se torne alguém obcecado em viver sua vida pensando que os efeitos que suas ações trarão serão imediatos. O tempo que dita os acontecimentos do mundo é incontrolável.

Por isso, não é porque agiu de forma ética frente a determinada situação ou pessoa, que aquele mesmo acontecimento será retribuído por este alguém ou coisa. A reação a essa sua ação ética virá, isso é um fato ao qual lhe asseguro de olhos fechados. Porém, a forma como essa reação recairá sobre sua vida de fenômenos perceptíveis é outra história.

Lembremos sempre que até a escolha de trocar de roupa em determinado momento, e não 5 minutos antes, trará consequências para nossa vida. Dessa forma, a lição que proponho neste capítulo é refletirmos sobre os benefícios que teremos ao agir sempre de forma ética, com o foco no bem de todos (claro que o seu está aqui incluído). Isso fará com que tenhamos a consciência tranquila frente aos acontecimentos de nossa vida, pois sabendo que depositamos uma força ética ao mundo, esta voltará, em algum momento, a nós.

Caso algo que considera não ético venha a acontecer em sua vida, tenha a ciência de que em algum momento foi liberada por suas ações uma força de mesmo módulo e mesma direção, trazendo, portanto, você como alvo agora, por conta de possuir sentido oposto.

E tudo bem, tudo passa!

O importante é retirar aprendizados de tudo que vier, agradecendo por essa oportunidade de poder aperfeiçoar seu jeito de ser.

Nunca é tarde para iniciar a busca pela evolução pessoal e contribuir para um mundo melhor. A mudança torna-se necessária quando o repertório de valores já não mais condiz com a realidade vivida, não gera mais satisfação em manter-se em determinada situação e o olhar ao futuro é desanimador.

A palavra "valor" que, em grego possui a gramática "ayiô", refere-se aos frutos de uma deliberação interna tomada a respeito de uma direção ou de um significado.

Isso quer dizer que seus valores serão gerados a partir da necessidade de uma direção: "onde estou para onde vou" (para chegar lá, preciso ser de determinada forma); e de sentido para a vida: "por que estou lendo um livro agora em vez de estar em um bar bebendo?" (qual é meu objetivo em fazer o

PARTE 3

que faço). Com esses dois contextos alinhados, podemos trazer à consciência nossos valores, o que nos fará viver de acordo com nossa verdade essencial.

O agir diariamente com base em valores pessoais gera automaticamente o fortalecimento da confiança interna. Quando confiamos em nós, nos nossos atos e no Universo que nos abriga, tornamos nossas decisões mais leves e objetivas, trazendo, consequentemente, mais facilidade em manifestar a vida que desejamos. Além disso, a confiança é algo que se nutre também em uma proposta ética.

Retomando, por fim, a questão da violência implementada como abordagem coercitiva durante o Império Romano, infelizmente, muitos ordenamentos jurídicos, por terem sido inspirados pelo Direito Romano, herdaram esse sistema de força. Com isso, a violência tornou-se uma linguagem usada para definir a forma de cada um ser e estar no mundo.

Essa modalidade prejudica em todos os sentidos a arte da convivência, a qual possui o papel de servir como base primordial da estrutura da vida. Isso não é desejável, pois buscamos pela paz em sociedade e pelo reconhecimento do "Ubuntu".

Sendo assim, trago as palavras da professora Lia Diskin para encerrarmos esta reflexão e ficarmos com mais um motivo para agirmos de forma ética com o mundo, ressaltando o espaço da interdependência em nossos dias atuais:

> Na tradição vivíamos na dependência; na modernidade quebramos essa dependência e criamos a ficção da independência; e agora, na pós-modernidade, estamos entendendo que nos encaixamos na interdependência. Nós não vivemos...convivemos; Nós não existimos...co-existimos; Vida é relação.

ORÁCULO DE REFLEXÕES III

1. Como você tem tratado as pessoas ao seu redor (literalmente todas elas)?

- Você as nota? Cumprimenta? Reconhece? Ouve verdadeiramente? Respeita?

- Só assim você será notado, cumprimentado, reconhecido, ouvido e respeitado de forma genuína. Eu me refiro aqui não somente àqueles que você admira por algum motivo, mas sim a todos, incluindo os que considera "nulos" em sua vida. Estes também são dignos de ações éticas.

2. Como tem enfrentado seus desafios?

- Lidado com os percalços? Você emana para o universo uma energia de raiva, mágoa e rancor ou de compreensão, aceitação e aprendizado?

3. Qual é sua visão a respeito da natureza?

- Você a respeita? Ou simplesmente ignora sua existência? Você cuida dela ou se enquadra no grupo dos que "jogam lixo no chão"?

PARTE 3

4. Como você trata os animais?

- Isso não quer dizer que você tenha que possuir um *pet* em sua casa, mas o respeito a toda forma de vida é premissa básica.

5. Quais as habilidades que mais te representam?

- Liste os potenciais que vê em si e também aqueles que os outros costumam ressaltar em você.

6. Quais são seus valores?

- Se pudesse listar seus principais valores, quais estariam presentes?
- Por exemplo: verdadeiro(a); motivador(a); humilde; sonhador(a); trabalhador(a).
- Você consegue ver, dentre os listados, quais estão presentes todos os dias?
- Existe algum que você está sentindo necessidade de potencializar (que talvez esteja adormecido por conta de uma rotina intensa)?

7. Você age no trabalho com base em seus valores essenciais?

- A partir do que foi trazido como resposta à última questão, esses valores estão presentes na sua rotina profissional? Presentes na forma como você age com seus chefes, pares, funcionários, clientes e outros? Existentes na real motivação de exercer determinado ofício?

DIREITO COMPLEMENTAR ENERGÉTICO-EMOCIONAL

8. Esses valores percebidos são também visíveis em sua vida pessoal?

• Você consegue observar suas ações sendo baseadas em seus valores essenciais quando está em família? E quando está entre amigos?

• Acredita que, em alguma área, queira implementar a força de algum de seus valores?

9. Quando você se despe mentalmente de todas as suas posses nessa vida, tem orgulho do que vê?

• Não mais tendo que representar papéis, que se ater a apegos materiais, que cuidar de *status* pessoal, consegue se enxergar? Busque encarar-se desnudo de tudo aquilo que ilusoriamente possui nesta vida.

• Se sim, você se orgulha desse ser que vê? Tem carinho pela essência que ele emana? Ou passaria toda sua jornada sem se encarar de fato, submerso em tudo aquilo que cobre seu verdadeiro eu?

10. Você se considera uma pessoa ética?

• Atenção para não alimentarmos o autoengano: a resposta "sim" para essa pergunta carrega a afirmação de que, a todo momento, em todas as suas ações diárias, você tem a consciência de agir conforme seus valores e, com isso, defender sua verdade essencial, visando ao bem comum do mundo.

PARTE 3

- Tudo bem a resposta aqui ainda estar em construção, poucas pessoas nesta vida poderiam dizer esse "sim" completamente, o importante é questionar-se de forma sincera e, se insatisfeito, encarar a mudança interna. O benefício é primordialmente seu.

PARTE 4

Vamos entrar em uma das partes que considero mais importantes para começar a dimensionar a complexidade do ser humano. O assunto que abordaremos visa agregar em suas jornadas intra e interpessoais.

Gostaria de dividir com você, querido leitor, parte da riqueza que compõe, para que juntos possamos usar tudo de nós em nossa profissão (e vida, óbvio!).

6. RELAÇÕES

"Caminho de Relações"

Para compreensão deste conteúdo, cito agora uma informação com força de mantra que, a partir daqui, será essencial para o bom entendimento de tudo que lerá: todos os nossos pensamentos, mesmo que invisíveis aos olhos humanos, estão compostos de inúmeras partículas moleculares distintas que formam consciências sutis de energia.

— "Não entendi nada!"

Vamos lá: os nossos pensamentos devem ser cuidados e vigiados tanto quanto nossa fala, pois eles se plasmam na substância do ar (éter) e exercem forte influência na dinâmica da existência em geral.

— "Nossa, mas não faz sentido, ninguém vai saber o que eu estou pensando, diferente da minha fala que as pessoas escutam. Por que tenho que cuidar do que penso?"

De fato, ainda pode-se apontar como verdade o dado de que a maioria dos seres humanos não são capazes de naturalmente acessar os pensamentos uns dos outros. No entanto, o ponto que me interessa tratar agora não é esse, mas sim a resposta à pergunta feita.

De acordo com inúmeras fontes de estudo, nós, humanos, não estamos compostos apenas por esse corpo material que vemos com nossos olhos físicos.

DIREITO COMPLEMENTAR ENERGÉTICO-EMOCIONAL

Cito algumas dessas fontes como sendo antigas escrituras hinduístas presentes nos livros dos Vedas; a filosofia iogue pela ciência da Kriya Yoga; dados teóricos de física e mecânica quântica; documentos doutrinários de espiritismo ou religiosos de budismo; ciências ancestrais Incas, como o entendimento do Chakana, e Kahunas (havaianas), baseado na ideologia do Aloha Spirit; a medicina moderna, que amplia seus estudos em uma concepção integrativa; entre diversas outras.

O nosso ser, como dito no começo deste livro, é complexo. Deste feito, trata-se de um todo composto por partes, cada qual com sua devida função e importância na vida. Sendo assim, o corpo material que vemos diz respeito a apenas uma parcela de toda a anatomia que compõe o ser humano.

Existe uma rica anatomia sutil que compõe cada um de nós e que, junto ao corpo material, constitui o que somos. Essa parte sutil é diretamente afetada pela substância das nossas formas-pensamentos, o que significa que, quando mantemos nossa frequência em pensamentos leves e elevados, assim também estará o nosso ser. No entanto, se nos atemos a pensamentos ruins, densos e inferiores, é esse mesmo tipo de energia que estaremos atraindo para a nossa vida.

A relação que escolhemos estabelecer com nossa forma de pensar e, portanto, de emanar energia para o mundo, vai ditar a nossa silhueta energética.

Fato é que poucos estudam temas como esse com curiosidade desprovida de preconceitos; outros nem sabem do que se trata; e muitos se contentam com informações incompletas a respeito da questão, bastando talvez acreditar que existe uma aura em nós, de acordo com alguns preceitos religiosos.

Estamos diante de mais um grupo de dados muito importante que entrou na fila dos conteúdos desclassificados de um estudo básico e fundamental.

PARTE 4

Antes de entrarmos na explanação do conteúdo técnico, vamos entender o porquê de isso ser interessante para um profissional jurídico.

A meu ver, as profissões da ciência do Direito cuidam de relações. Acionamos essa área para que a arte de se relacionar seja esclarecida, exposta, criada, cumprida, ensinada, relembrada e mais infinitos outros verbos.

São essas profissões que ditam as permissões, as proibições e as obrigações dentro de relações políticas, civis, econômicas, sociais, financeiras, criminais, tributárias, familiares, ambientais, trabalhistas, societárias, e por aí vai.

Quando diante de uma situação problemática em uma relação (adotando uma visão ampla do termo), seja ela qual for, o procedimento para a resolução desse contexto, na esmagadora maioria das vezes, envolve profissionais jurídicos.

Os juízes cuidam das relações dos outros decidindo por eles; os procuradores, promotores, advogados e defensores envolvem-se também em relações de terceiros, estando posicionados ao lado de uma das partes. Delegados, ministros, assessores ou acadêmicos estarão igualmente em meio a relações de outrem, seja investigando, decidindo ou estudando. Todas as demais profissões associadas ao estudo do Direito estão, da mesma forma, atreladas a relações; nenhuma escapa!

O Direito foi criado para instituir ordem dentre os mais diversos tipos de relações. Essas não necessariamente envolvem apenas seres humanos. Fato é que sempre haverá um indivíduo no meio, mas não obrigatoriamente o ordenamento jurídico será acionado para resolver algo integralmente entre bases humanas individuais. Isso significa dizer que é a ciência jurídica que ditará a organização de relações entre humanos e o meio ambiente, humanos e os animais, humanos e o Estado. Enfim, humanos e tudo que houver no Universo, literalmente.

Por isso, o Direito rege as relações no mais amplo sentido atrelado à palavra, sendo elas individuais, coletivas, públicas, privadas, nacionais, internacionais, pessoais, impessoais etc.; e quem sabe um dia, até terrestres e extraterrestres.

Fazendo um interessante *obiter dictum*, aposto que logo mais estaremos publicando no Diário Oficial a vigência de um Código de Direito Intergaláctico.

Empresa privada de sistemas aeroespaciais e de serviços de transporte espacial já temos: a SpaceX, do bilionário Elon Musk, que já está conquistando seu território neste novo mercado. A companhia estadunidense proporcionou para a NASA a primeira viagem privada ao espaço, em maio de 2020.

Conseguem visualizar comigo tamanha importância que possui a profissão jurídica? A amplitude de seu objeto de estudo?

Para mim, está bem claro! É por isso que escrevo este livro. O maior ativo dessa profissão é o campo mental dos profissionais da área. A consciência de cada um daqueles que se comprometeram em ser parte dessa missão é o foco cuidado aqui. Para que assim, olhando para cada uma das partes, tenhamos um todo mais saudável e proveitoso.

À vista disso, vamos para a reflexão deste capítulo: como é para você lidar com as SUAS relações pessoais e todos os desafios trazidos por elas? Como costuma encará-las? É problemático ou tranquilo, na maior parte do tempo?

De pronto não saberei sua resposta, mas sei a minha: "ainda preciso estudar e praticar muito minha inteligência emocional!".

PARTE 4

Partindo da minha resposta, visualizaremos o seguinte cenário: pense em ter que lidar com as suas próprias relações, encarar todos os contratempos e gatilhos que elas trouxerem e, ainda por cima, desempenhar um ofício que te leva a também se envolver, em certo ponto, nos desafios das relações alheias.

Ave Maria, né?

Haja inteligência emocional para lidar da melhor forma com esse tanto de relações!

Pois é, nós escolhemos isso, meu caro colega. Por mais maquiado, erudito e burocrático que o juridiquês e nosso ordenamento jurídico possam deixar a linguagem e o entendimento normativo, respectivamente, a essência nua do Direito é cuidar da arte de relacionar-se, em *lato sensu*.

E aí penso: se já acho desafiador lidar com as minhas próprias relações e os resultados que elas geram, como faço para realmente conseguir ser uma peça-chave na relação de terceiros? Exercer com excelência o papel que esperam de mim?

Eis o momento que chega o Fulaninho e responde: "ué, isso é óbvio! Por operar o Direito, basta que você simplesmente aplique as Leis previstas para o determinado caso que chegar até você, não tem nada a ver com as suas próprias relações".

OBS.: Não trago aqui o tema da carga interpretativa de qual lei usar em cada situação casuística, dentre todas as possibilidades existentes.

É nessa exata crença que reside a ignorância da existência de um todo, composto por partes.

Gosto de trabalhar com uma metáfora para explicar meu ponto de vista sobre isso. O Brasil adota uma organização humana baseada na conceituação de Estado. O Estado Brasileiro está dotado de soberania, a qual o classifica como único detentor do poder político, isto é, da "capacidade de impor". Esse poder do Estado é taxativamente uno e indivisível.

Frente a isso, sem adentrar em discussões doutrinárias e linguísticas, a ideia que quero mostrar é a seguinte: apesar desse poder ser uno, foi estipulado o princípio da Separação de Poderes na Constituição Federal, o que originou o Poder Executivo, o Poder Legislativo e o Poder Judiciário.

No entanto, o nome desse princípio deve ser lido, na verdade, com a ideia de "separação de funções estatais", e não separação do poder político do Estado propriamente dito. As três ordens (Executiva, Legislativa e Judiciária) traduzem uma separação das funções do Estado, não são Poderes dotados de soberania.

Por meio dessa explicação, entendemos que os Poderes Executivo, Legislativo e Judiciário são partes que compõem um todo maior e soberano. De feito, essas ordens são independentes e harmônicas entre si, mas não são soberanas, pois elas devem funcionar juntas, cada uma em sua organização disposta, visando ao equilíbrio do poder político do Estado como um só, visto que este sim é soberano.

Essa divisão de funções estatais deu a cada um dos setores (Executivo, Legislativo e Judiciário) dois tipos de tarefas: (1) próprias/específicas e (2) as que visam manter uma harmonia geral. Isso foi traduzido ao sistema como freios e contrapesos, os quais significam que, apesar de estarem delimitadas funções específicas estatais nas mãos de cada uma dessas ordens, todas elas estariam de certa forma presentes uma na outra. Afinal, elas não agem de forma isolada, pois são partes de um todo maior: o poder Estatal (uno e indivisível).

PARTE 4

Esse sistema visa evitar que, havendo crise em uma dessas ordens, o poder Estatal como um todo seja também afetado. Então, por exemplo: por mais que o Poder Executivo esteja em uma névoa de confusão, existem ainda os outros dois para "quebrar um galho" e manter o poder político desempenhando sua função esperada, até que tudo se normalize.

Todavia, nenhum dos três conseguiria desempenhar sua função da melhor forma nesse cenário, pois o objetivo é que esteja tudo certo dentro de cada uma dessas ordens, para que o poder estatal esteja de fato bem também.

Diante disso, esclareço o motivo de trazer essa explicação aqui.

Gosto de associar, metaforicamente, essa visão do princípio da Separação de Poderes com nossa realidade humana, para explicar como a inter-relação do micro afeta o macro.

Nós seríamos essas "funções estatais", divididas por nossas potencialidades para haver ordem e eficiência (Executivo, Legislativo e Judiciário). Então, da mesma forma que o Poder Legislativo vai reunir pessoas capacitadas para, primordialmente, legislarem, nós seríamos também divididos em nossas potencialidades: eu gosto de cozinhar, então é nessa função que vou me envolver.

Do outro lado estaria o Brasil (ou a Terra, a humanidade ou apenas sua pequena cidade) como um todo, representado metaforicamente pelo poder Estatal. De igual modo aplica-se o raciocínio aqui: o poder político do Estado Soberano possui suas funções internas divididas entre três ordens, com o objetivo de organizar seus afazeres e, assim, alcançar um poder estatal excelente.

De feito, essa divisão serve apenas para fins de organização interna (Executivo + Legislativo + Judiciário = Poder do Estado). Na concepção externa

DIREITO COMPLEMENTAR ENERGÉTICO-EMOCIONAL

(quem olha de fora), vê o poder político em sua figura macro, como um todo (Poder do Estado). Essas características tornam impossível que haja dois tipos de poderes políticos em um só Estado Soberano. Haverá sempre um poder só, uno e indivisível, que no caso está internamente separado em funções (e não poderes de fato), em busca de um melhor resultado.

Da mesma maneira que o poder político (macro - o todo) atingirá sua potencialidade máxima e sua melhor versão quando suas três ordens internas (Executivo, Legislativo e Judiciário) estiverem desempenhando suas funções em perfeitas condições, tanto dentro de cada uma especificamente quanto entre elas, o Brasil (a Terra, a humanidade ou a sua cidade) também o fará quando todos os indivíduos que o compõem (nós) estiverem bem internamente uns com os outros.

Então, voltando à resposta do Fulaninho: o motivo de sua fala transparecer a ignorância de haver um todo que, por sua vez, sempre será afetado por suas partes, pode ser enxergada pela metáfora anterior.

Caso o poder Judiciário não esteja bem internamente, sua relação com os outros poderes será afetada, de forma que tanto o Executivo quanto o Legislativo não estarão aptos a realizarem suas funções corretamente. Afinal, eles dependem do bom funcionamento de todos para que essa engrenagem gire. Toda essa bola de neve, consequentemente, fará com que o poder político do Estado seja prejudicado.

Adotando esse raciocínio, se o profissional jurídico, responsável por atuar em determinadas relações de terceiros, não está bem internamente e, em decorrência disso, também não lida bem com suas próprias relações, sua atuação profissional será prejudicada. Com sua atuação prejudicada, seu papel nessa relação externa não será o melhor, de forma que tudo o que decorrer disso também sofrerá consequências. Estarão, portanto, sendo afetadas várias partes de um todo, que, logicamente, também será atingido.

Para que você, profissional constantemente envolvido em relações alheias, possa desempenhar seu potencial máximo e ser sua melhor versão no que faz, vou apresentar uma receita de bolo que apelidei de "Caminho de Relações".

Se seguir esse caminho, na ordem apresentada, caminhando pelas relações propostas, tenho certeza de que seu desempenho como profissional jurídico será infinitamente mais proveitoso, para outros, para o mundo e, principalmente, para si mesmo.

"Caminho de Relações":

1) Fase INTRA: explorando a relação com seu próprio ser complexo.

- Você sabe quais são todas as partes que te compõem? Como acontece a interação entre essas partes? Sabe se existe alguma relação interna acontecendo constantemente dentro de você?

- Como é sua relação com os estímulos visíveis do mundo? E como seu ser se relaciona com aqueles estímulos que são invisíveis aos olhos humanos?

- Como é sua relação mental com cada uma das camadas sutis do seu ser? E a sua relação corporal com essas partes?

- Como é a relação entre seu corpo e sua mente?

- Como você descreveria sua relação com seus pensamentos? São tranquilas, amenas e pacíficas? Ou trata-se de uma relação conturbada de domínio, obsessão e ruminação negativa?

Esta primeira etapa do Caminho propõe um passeio pelo estudo da anatomia sutil do ser humano, de acordo com as bases de dados trazidas como fonte no início deste capítulo. O objetivo é que esse conhecimento seja capaz de desenvolver ferramentas para que cada um se descubra mestre e aprendiz de si mesmo e, assim, possa gerenciar suas relações internas da melhor forma.

2) Fase INTER: explorando as suas relações pessoais (com os outros humanos do seu círculo íntimo).

- Você sabe como funciona um episódio emocional dentro de você?
- Sabia que é possível, pela prática, deixarmos de reagir ao mundo, para passar a respondê-lo? E isso, tendo a plena consciência da sua resposta escolhida.
- Como você lida com seus familiares mais próximos? E com aqueles que vivem na mesma casa que você?
- Como é sua relação com seus amigos? Você sente medo e/ou insegurança com alguma situação relacionada a eles? Como eles costumam te descrever (um bom amigo, um bom conselheiro, uma pessoa calma, uma pessoa agressiva, mandona ou passiva etc.)?
- Você nota diferenças entre sua relação com sua família e sua relação com seus amigos?
- Como é para você um relacionamento familiar ideal? E amoroso?
- Como você se sente amado? Quais ações dos outros te fazem se sentir assim (ser presenteado, elogiado, abraçado etc.)?
- Como são suas relações com as pessoas no trabalho, com seus chefes, pares, clientes e/ou funcionários? Você consegue se expressar bem?

PARTE 4

Expor suas necessidades e pedidos? Ser compreendido verdadeiramente?

- Como é a sua relação com o fato de ir trabalhar? Algo prazeroso ou tedioso, empolgante ou cansativo, leve ou estressante?
- Você sabe o que é empatia? E sabe ser empático?

A segunda etapa do Caminho explora a comunicação. Auxilia na visualização de possíveis falhas na linguagem e na forma como alguém tem se expressado na vida, começando por seu círculo íntimo. Possui a finalidade de apresentar ao leitor um conteúdo de esclarecimento, explicando o funcionamento de um episódio emocional e ilustrando ferramentas para que o indivíduo se faça entender de uma forma mais clara, desenvolva uma escuta ativa e se aprimore na arte das relações pessoais.

3) Fase ULTRA: explorando o seu agir em relações alheias.
- Em sua opinião, qual é a melhor forma de solucionar um problema?
- Você sabe a diferença entre sentimentos e emoções?
- Quanto você se envolve com questões que não são suas?
- Acredita ser capaz de escutar sem julgar, apenas constatando fatos?
- Em sua opinião, como seria a forma ideal de se comunicar?
- Como você enxerga um conflito: problema ou oportunidade?

Com o entendimento das fases INTRA e INTER, esta etapa propõe um avanço lógico e prático em técnicas para relacionar-se com o mundo, assim como para ser um bom gestor de relações alheias. Trata-se da etapa

DIREITO COMPLEMENTAR ENERGÉTICO-EMOCIONAL

de aperfeiçoamento do Caminho, visando fixar as virtudes aprendidas e agregar no seu desempenho como peça fundamental da ordem social. Em suma, exploraremos recursos que objetivam uma melhor *performance* do profissional dentro de relações alheias.

7. FASE INTRA

Introdução

Começamos a aprofundar nosso especial "Caminho de Relações" com a fase que sustentará todas as demais etapas dessa jornada.

A relação interna e pessoal, entre nós e nós mesmos, é a base de todo nosso procedimento e possui caráter essencial para a absorção do conhecimento compartilhado.

Apesar de isso não ser nenhuma novidade para você, leitor, pois abordamos esse tipo de informação desde o início deste livro, agora nadaremos em águas mais sutis e profundas desse oceano do Ser.

Poético, hein? Adoro!

Vamos lá! O nosso assunto agora vai um pouco além dos estudos padrões e conservadores do sistema anatômico humano (fique tranquilo, que não vamos entrar em nenhuma aula de medicina!).

Vou apresentar uma das muitas teorias e visões existentes a respeito da estrutura sutil que sustenta nossa carga material como seres humanos aqui na Terra.

Tudo se inicia em nossa consciência, por isso comecei este capítulo traçando o mantra dos pensamentos. Como dizia William James[1],

---

1 Filósofo e psicólogo americano, grande estudioso da atenção humana. Alan Wallace o chama de "prisioneiro de seu tempo e espaço", pois James não teve a oportunidade de

DIREITO COMPLEMENTAR ENERGÉTICO-EMOCIONAL

estudioso das técnicas de contemplação e concentração plena, apelidado pelo professor Alan Wallace[2] de "prisioneiro de seu tempo e espaço":

"A realidade está onde você coloca sua atenção".

Fato! Para onde você dirige a energia de sua atenção é o que estará sendo nutrido e, portanto, ganhando força e tamanho. Aqui começamos a entender o porquê da importância de nos atentarmos para as formas-pensamentos que vivem em nosso campo de energia. A recorrência de uma determinada vibração molecular de pensamentos fortalece seu objeto em nossa vida, tornando-o realidade.

Vamos a exemplos práticos para ficar mais claro: uma pessoa que alimenta e conserva densas vibrações e negativas frequências de medo, obsessão, vício, desespero, raiva, mágoa e tristeza estará convidando esse tipo de energia para sua vida.

Deste feito, a atenção dessa pessoa está sempre direcionada a preocupações, ao lado problemático de toda e qualquer situação, ao fato de que ela se enxerga como a maior vítima do mundo, dentre outras possibilidades. Por conta disso, de acordo com a constatação de James, tal cenário irá definir a realidade dela. Sendo assim, quanto mais for alimentada essa frequência sofredora, mais disso estará sendo atraído, mesmo que inconsciente dessa fórmula lógica.

---

conhecer nenhum mestre contemplativo, que dominava as técnicas de contemplação, o que limitou algumas de suas falas e estudos.

2 Físico, tradutor, escritor e professor, B.A. (Bacharelado em Artes) em Física, Filosofia da Ciência e Sânscrito (summa cum laude), Amherst College, 1987 M.A. (Mestrado em Artes), Stanford University, Departamento de Estudos Religiosos, 1992 Ph.D. (Doutorado), Stanford University, Departamento de Estudos Religiosos, 1995. Participante dos encontros do Mind and Life Institute, tradutor oficial do SS 14º Dalai Lama e fundador da técnica de Cultivating Emotional Balance.

PARTE 4

Diante disso:

- O que você está atraindo para a sua vida?
- Onde você foca a energia de sua atenção?

Aqui vai a primeira lição dessa parte: nós criamos a nossa própria realidade. Portanto, conscientize-se!

Lembre-se sempre de que "semelhante atrai semelhante". Como você precisa agir para atrair o que quer?

A sua energia crescerá em seu campo de acordo com as condições que você estabelecer a ela, e isso é feito por meio de sua consciência. Cuidar de seu estado de consciência não demanda que você refaça ações passadas, nem que remoa todas as falhas que já cometeu, ou que reivindique seus acertos. Eckhart Tolle explica que "a consciência e presença sempre ocorrem no agora".

Temos esse "eterno agora" para olhar para nós, para onde depositamos nossa atenção hoje, para o que estamos plantando neste momento. É isso que ditará as facilidades que receberemos no "futuro agora" que nos espera.

Gosto de propor o primeiro passo como sendo o "soltar". A ideia deste livro não é complicar nada, mais do que já parece ser. Por isso, para todas essas teorias e constatações filosóficas, o conceito de "soltar" é simplesmente relaxar. Às vezes, quando queremos muito algo, podemos criar certa resistência em torno disso, essa vontade intensa pode vir acompanhada de inseguranças e medos, isso também está recebendo atenção e, portanto, se tornando realidade. Sendo assim, se permita soltar tudo.

Por que nos atemos tanto ao ilusório controle das coisas?

DIREITO COMPLEMENTAR ENERGÉTICO-EMOCIONAL

São mínimas as coisas que de fato controlamos na vida...

O exercício de soltar não é fácil, mas é simples (lema do livro), o domínio dessa técnica exige prática diária, e será também resultado de tudo que já vimos nos capítulos anteriores, principalmente da confiança.

Fazendo sua parte, colocando a sua atenção naquilo que realmente deseja atrair para realidade e vigiando qualquer tentativa de desvio dessa direção, já está praticando. Isso posto, só lhe resta confiar, resguardando a tranquilidade de um descanso merecido. Confiar na ciência lógica do Universo, na lei da ação e reação, em sua postura ética frente o mundo, na motivação de suas ações, no significado da sua vida e na busca de um bem maior.

A prática de todas as ferramentas aqui trazidas deve ser serena e confortável, sem excesso, tampouco falta. O comprometimento basta para que a disciplina crie raízes saudáveis em cada um de nós. E esse comprometimento é pessoal, ninguém o fará por você nem poderá fazer para você.

Devido à humanidade se identificar com seus pensamentos e não ter ciência da importância de separar-se deles, mantendo consigo apenas aqueles que estiverem de acordo com a realidade que deseja atrair, é raro um indivíduo que consiga refletir essa paz interna para seu mundo externo. E mais, é raro alguém que realmente entenda a importância desse assunto.

Este é o motivo pelo qual trago em um livro direcionado, inicialmente a profissionais jurídicos, essas concepções. O Direito lida com pessoas, compostas pelas mesmas partes que você e eu. Elas são a engrenagem principal da profissão jurídica: sem pessoas essa ciência perde o objeto.

Para que cheguemos ao momento de você entender a dinâmica e as ferramentas que existem para auxiliar pessoas em suas buscas, vamos começar entendendo o que nos compõe e qual é o caminho que os pensamentos fazem dentro de nós. Vamos esclarecer o que é essa

Anatomia sutil

A) Primeiro contato

De início, apresentarei um trecho de uma explicação feita pelo mestre indiano Sri Yukteswar Giri[3], transcrita por Paramahansa Yogananda[4] em sua autobiografia, o qual descreve de forma simples a estrutura dos corpos sutis que compõem o ser humano, com base nas antigas Escrituras Hinduístas:

> (...) Encerrou a alma humana em três corpos sucessivamente: o corpo causal ou de ideias; o sutil corpo astral, sede da natureza mental e emocional do homem; e o corpo físico denso. Na Terra, o homem está equipado com os sentidos físicos. Um ser astral age por meio da sua consciência, dos seus sentimentos e de um corpo feito de vitátrons (3). Um ser em um corpo causal permanece no beatífico reino das ideias.

---

3 Sri Yukteswar Giri é o nome monástico de Priyanath Karar, um Jyotisha (IOGUE) grande conhecedor do Bhagavad Gita e da Bíblia. Discípulo de Lahiri Mahasaya de Varanasi e membro do ramo Giri da ordem Swami. Nasceu em 1855 e morreu em 1936.

4 Discípulo de Sri Yukteswar Giri, Paramahansa Yogananda, nome monástico de Mukunda Lal Ghosh, foi um iogue e guru indiano considerado um dos maiores emissários da antiga filosofia da Índia para o Ocidente. Instalou seu centro de ensino da filosofia da Yoga em Los Angeles, Califórnia. Escreveu muitas obras, dentre elas sua autobiografia: "Autobiografia de um Iogue: Paramahansa Yogananda". Nasceu em 1893 e morreu em 1952;

DIREITO COMPLEMENTAR ENERGÉTICO-EMOCIONAL

> Terceira nota de rodapé presente na página da obra em questão: "Sri Yukteswar usou a palavra 'prana', eu a traduzi como "vitátrons" (lifetrons). As Escrituras hindus mencionam não só o 'anu', "átomo", e o 'paramanu', "além do átomo", ou energias eletrônicas mais refinadas, mas também o 'prana', "força criadora vitatrônica". Átomos e elétrons prânicos nos espermatozoides e óvulos guiam o desenvolvimento do embrião de acordo com um desenho cármico. (Autobiografia de um Iogue: Paramahansa Yogananda; página 436; 3.o parágrafo e nota de rodapé número 3).

Na transcrição, observa-se a visão védica do assoalho humano, composta não somente pelo corpo material, mas também pelo corpo astral e causal. Essas são camadas mais sutis, que compõem o ser, dotadas de elementos energéticos etéreos, portanto invisíveis aos olhos humanos.

Esses mesmos corpos sutis são também divididos de diversas outras formas e podem receber diferentes nomes, a depender da crença que está abordando o tema.

Outro formato de classificação de nossa camada energética é aquele que divide os corpos humanos em físico, etéreo, emocional, mental e espiritual. Por sua vez, esse assunto foi também abordado por Platão, que o dividiu em mundo material e mundo das ideias, sendo essa a camada abstrata humana.

Nossa composição energética é igualmente considerada nas inúmeras outras ciências ancestrais, como Inca, Kahuna (Havaiana), Chinesa e Egípcia. Tal estrutura sutil, que engloba o nosso corpo material, trata-se de um campo de energia eletromagnética chamado também de corpo elétrico. Inteligentemente, essa composição sutil comunica-se com o sistema nervoso do corpo proteico (material).

O sistema nervoso humano, ramificado por todo o corpo físico, possui como suporte basilar a coluna vertebral, sendo esta o canal de comunicação corporal principal de energia com todas as nossas partes.

Da mesma maneira que existe um fluxo energético acontecendo dentro do nosso corpo material, por meio desse sistema nervoso, responsável pelas ações e funcionamento de todo o organismo, há também uma comunicação energética extramaterial corpórea. Esta é responsável pela troca de informações entre todos os corpos que compõem o ser humano (corpo físico, etéreo, emocional, mental e espiritual).

Essa estrutura sutil engloba todo nosso corpo material, como uma espécie de "capa" que nos envolve. Ela está primordialmente conectada ao corpo físico por alguns pontos específicos, alocados também na coluna vertebral, base principal de comunicação do sistema nervoso.

B) Registros práticos

Muitos especialistas, das mais diversas áreas, já exploram essa ciência sutil, atuando nessas camadas corporais energéticas. Cito, por ora, dois nomes recentemente popularizados nas mídias: Donny Epstein e John Amaral.

Dr. Donny Epstein[5], fundador do "EpiEnergetics®", especialista em quiropraxia e tecnologias energéticas foi um dos primeiros a aprofundar-se

---

5 Dr. Donny Epstein é o criador do Network Spinal, Somato Respiratory Integration, Reorganizational Healing and Living. Especialista em Tecnologia Energética. Autor de quatro livros sobre o tema: "The Twelve Stages of Healing", "The Somato Respiratory Integration Workbook", "The Boomerang Principle", and "Healing Myths, Healing Magic".

em Inteligência Bioenergética. Sendo referência a inúmeros outros profissionais e servindo como base de estudo de muitos projetos, as técnicas desenvolvidas pelo quiroprata mostram reações físicas imediatas pela sua induzida interação com essas camadas energéticas do ser humano.

Filmado mais de uma vez, o trabalho de Epstein é baseado integralmente na natureza inteligente do corpo de cada um de seus pacientes, de forma que seus conhecimentos servem para direcioná-lo aos pontos corretos que ligam o corpo material aos demais corpos sutis. Analisando cada um desses pontos, ele consegue perceber se o fluxo energético que deveria correr por ali está regular ou desequilibrado.

Dessa forma, ele se torna capaz de induzir um desbloqueio de energia armazenada erroneamente em algum desses pontos, que está sendo prejudicial à saúde do indivíduo, ou aumentar a descarga energética para determinado local carente de energia.

Toda a movimentação energética feita no paciente durante o atendimento é conduzida pela inteligência e organização de seu próprio corpo, de forma inconsciente. Então, a interação correta do profissional com a estrutura sutil do paciente serve de estímulo para que o corpo se reorganize energeticamente, deixando de vibrar na forma antiga e prejudicial que estava, passando a uma frequência ideal.

Esse processo conduzido pelo próprio corpo do indivíduo pode ser entendido por meio de outros exemplos que acontecem dessa mesma maneira dentro de nós, como procedimentos de digestão, cicatrização, filtragem etc.

Esses mecanismos automáticos são regidos por energia distinta daquela enviada pela mente consciente, ou seja, não estão atrelados a um comando consciente próprio. Da mesma forma, essa movimentação energética despertada pelo profissional também não está. Portanto, ela faz as adaptações necessárias ao indivíduo.

Após a indução do profissional, a energia que corre entre todos os corpos (físico, etéreo, emocional, mental e espiritual) irá, da mesma forma, seguir esse fluxo automático e inteligente da força vital interna, sem que ninguém precise direcioná-la.

Essa técnica traz inúmeros resultados para o corpo físico da pessoa. A movimentação energética feita pelo próprio corpo do indivíduo funciona como uma espécie de reorganização vibracional, a qual altera muitas frequências celulares que estão em desarmonia naquele ser. Em outras palavras, esse trabalho, que atua diretamente nos corpos energéticos do paciente, resulta em diferentes tipos de curas físicas.

John Amaral, famosa figura em Los Angeles, Califórnia, também quiroprata e especialista em tecnologia corporal energética, foi aluno de Donny Epstein e exerce as técnicas aprendidas há 25 anos. Ambos os nomes ficaram mais conhecidos por conta de uma entrevista dada por John Amaral à atriz Gwyneth Paltrow, em sua série documental *The Goop Lab*, para a Netflix, em janeiro de 2020, a qual documenta uma sessão feita com John, pela famosa e sua equipe, em que ele aplica suas técnicas ao atendê-los.

Sabe-se, também, da existência e do formato desses campos energéticos por meio da tecnologia Kirlian, inteligência capaz de fotografar e gerar a imagiologia da aura de um indivíduo. Trata-se de uma máquina bioeletrográfica que, ao captar essas moléculas gasosas e etéreas dos corpos sutis, torna-se capaz de apontar vários desequilíbrios físicos, a partir da distribuição energética que registra daquela pessoa.

Assim como esses, diversos outros exemplos de profissionais e técnicas podem ser citados como referência no uso da ciência corporal sutil. Campos de estudos da saúde que também integram tal sapiência são a Medicina Chinesa, Medicina Ayurvédica, a mais atual linha de Medicina Integrativa, assim como tratamentos de acupuntura, cromoterápicos, aromaterápicos, cura pelo som, Reiki, fitoterápicos etc.

Todas essas vertentes seguem em seus diagnósticos e tratamentos um raciocínio que nasce a partir da figura total humana. Isso é dizer que não apenas consideram o corpo material e a cura nesse estágio físico, mas sim toda a proporção que compõe a anatomia do ser, levando em conta também a influência das moléculas sutis.

Podemos enxergar mais uma vez o padrão de análise de um todo composto por partes essenciais para seu bom funcionamento.

C) O que é energia?

Como mais fontes a serem compartilhadas sobre o tema, cito duas obras da autora especialista em medicina bioenergética Cyndi Dale, as quais abordam vasto e detalhado grupo de informações a respeito do assunto.

São elas: *The Subtle Body: An Encyclopedia of Your Energetic Anatomy* e *Manual Prático do Corpo Sutil: O Guia Definitivo Para Compreender a Cura Energética*. O segundo trata de uma espécie de complemento do primeiro, cuidando de uma abordagem de métodos; enquanto o primeiro, por sua vez, aborda uma explanação completa do conteúdo, com maior ênfase em informações científicas.

Um trecho do *Manual Prático do Corpo Sutil* acredito ser de grande valia para nossa tratativa:

PARTE 4

> (...) A energia é informação em movimento. Essa frase curta é imensamente complicada. Significa que tudo que nos diz respeito, até mesmo nossos pensamentos inaudíveis, desejos secretos e a vibração dos mais minúsculos átomos dentro de nós, se comunica em um cenário mais grandioso. Também indica que o que quer que aconteça no mundo conhecido e desconhecido à nossa volta cria uma mudança dentro de nós.
>
> (Manual Prático do Corpo Sutil: O Guia Definitivo Para Compreender a Cura Energética; Primeira Parte: Fazendo a Energia Sutil Trabalhar para você; parágrafo 2º, página 1).

A filosofia da medicina energética se sustenta em uma vida equilibrada. Esse universo de estudo nos mostra como estamos interligados com tudo ao mesmo tempo. Todas as nossas escolhas, da mais simples até a mais desafiadora, desempenham reações em nossa vida.

Os alimentos que ingerir vão influenciar diretamente em outras partes do seu ser no mundo, como sua disposição diária. As suas companhias, amigos, familiares, clientes, colegas de trabalho irão ressoarem sua energia pessoal, de forma que podem resultar em faíscas nos mais diversos aspectos da sua vida. Por exemplo, na sua relação com o dinheiro ou até em sua autoestima.

A verdade é que nossas escolhas repercutirão resultados variados em todas as áreas de nossa realidade.

As palavras que você costuma pronunciar diariamente, os pensamentos que você cultiva em sua mente, as emoções que você acessa com mais frequência, as notícias que você lê, os programas a que você assiste, as músicas que você escuta, tudo isso surtirá efeitos e construirá sua realidade. Isso porque tudo o que foi citado está composto de moléculas sutis que interagem com as suas camadas energéticas.

Foram mencionados míseros exemplos de uma infinidade de ligações inimagináveis que podem existir entre nossas escolhas (ações) e seus resultados (reações). Que este seja mais um mantra acolhido: o todo é sempre feito de partes que se interligam e, assim, o formam. Tudo em você, até aquilo que julga mais irrelevante, tem poder sobre o que é no mundo e para o mundo.

Calma!

Não quero fazer nenhuma apologia ao estilo de vida neurótico e obsessivo. A finalidade de repassar esse tipo de informação, pouco difundida, está no fato de querer incentivar uma vida mais consciente, em que tenhamos a sabedoria necessária para sermos condutores de nossa realidade, e não apenas vivermos no automático (e muitas vezes nos arrependermos depois!).

Além disso, como foi dito, o objetivo também não é que tenhamos uma aula de medicina bioenergética, mas sim que possamos visualizar a grandiosidade energética que nos habita e como podemos usá-la a nosso favor em nossa profissão.

Para que você tenha uma ideia, a área específica em que decidiu atuar pode estar relacionada ao seu passado, às suas crenças protetivas, aos seus traumas e medos ou a uma causa de seu coração.

Os casos que você atrai também possuem alguma ligação com seu repertório, por isso caíram em suas mãos. Milhões de diferentes raízes que nascem dentro de você e, portanto, nessas muitas camadas que compõem, determinam todo o caminhar de sua realidade. Tendo consciência disso, e possuindo mecanismos para atuar nessas informações de forma intencional, podemos aliviar grandes bloqueios e desafios que enfrentamos.

PARTE 4

Digamos que você se considera alguém inapropriado para uma tratativa frutífera com clientes, como exemplo. Quanto mais você acreditar nessa afirmação e a trouxer para dentro de seu campo vibracional, como uma verdade incontestável (por pensamentos, emoções e sentimentos), maior vai ser a proporção dos resultados que isso trará para sua vida (bons e ruins).

A interação informacional que vai ocorrer entre as suas camadas sutis será direcionada para atração de um específico grupo de clientes, os quais você enxerga como desafiadores, pois sua verdade acolhida dentro de si foi a de que você não leva jeito para essa parte profissional.

Em outras palavras, o cultivo de medo e/ou insegurança para lidar com clientes te afastará cada vez mais dessa função, pois lembra que semelhante atrai semelhante? Então, quanto mais você se agarrar na ideia de que não leva jeito com clientes, mais disso será atraído para você. Como? Por exemplo, chegando a ti apenas clientes extremamente complicados para seus projetos, nunca alguém tranquilo.

Essa informação, que nasceu em uma camada energética sutil sua, vai tomando força a depender do quanto você a adota como fato em sua vida. Assim, ela será enviada para as outras esferas de seus corpos, até que seja transmitida ao sistema nervoso do corpo físico e se manifeste em sua realidade.

A partir desse exemplo, é possível começarmos a entender o porquê de ser tão importante o cuidado e a auto-observação com nossos pensamentos. Afinal, claramente a situação transcrita poderia nunca ser exteriorizada ou reportada a nenhuma pessoa, e mesmo assim viver tão fortemente no interior do indivíduo que faz com que seja parte de sua existência.

DIREITO COMPLEMENTAR ENERGÉTICO-EMOCIONAL

Por isso, se for da vontade dessa pessoa alterar essa realidade, o primeiro passo seria a vigilância dos seus pensamentos, para que cada vez menos fosse consumida a energia que nutre essa crença.

Cyndi Dale traça um raciocínio baseado na divisão de dois tipos de energia. A energia que corre em nosso corpo físico seria uma energia sensorial. Por outro lado, aquela que transita entre nossos corpos energéticos é a famosa energia sutil.

Esta comporta os pensamentos, sentimentos, intuição, emoções etc. São todas formas "invisíveis" aos olhos humanos, mas plenamente sensíveis pelo corpo. Ambas estruturas energéticas estão interligadas, apesar de obterem uma velocidade de funcionamento diferente: enquanto a energia sutil é extremamente veloz, a energia sensorial demanda mais tempo de percurso.

A energia é aquele impulso, força, vontade, direcionamento, intenção que você, consciente ou inconscientemente, deposita na feitura de uma ação qualquer, seja em seu trabalho, em sua vida amorosa, com seus amigos ou família.

Esse composto que chamamos de 'energia' carrega informações, por isso algumas coisas costumam funcionar como esperamos que elas o façam. Por exemplo: ao soltar uma caneta de sua mão, sabemos que ela vai cair no chão; ou ao abrir uma garrafa de água, temos plena tranquilidade de que aquele líquido não vai sair flutuando. Isso tudo acontece pois existe essa informação integrada em cada uma das moléculas em questão, o que faz com que, ao interagir com a força da gravidade, resulte nessa determinada mensagem vibracional.

Da mesma maneira, podemos visualizar isso com o seguinte exemplo: quando olhamos para a água saindo da pia, em um jato, sabemos que aquelas moléculas ali presentes parecem, pela vista, uma unidade.

Todavia, quando nossa vibração interage diretamente com a vibração da molécula da água (colocando a mão na água), ela terá um efeito desconstruído, de maneira que, apesar de vermos uma unidade, não conseguiremos materialmente agarrá-la, mas sim atravessá-la.

Diferentemente, quando vemos qualquer objeto sólido, um copo por exemplo, sabemos que, ao conectar a superfície de nossa mão com ele, teremos a capacidade de pegá-lo, segurá-lo da exata forma como o vemos. Isso tudo decorre de uma série de registros informativos presentes nas moléculas de cada coisa que coexiste conosco no mundo.

Essas informações se inter-relacionam a todo momento, estão constantemente conectadas, sendo influenciadas por qualquer ínfima alteração no meio. Logo, se a temperatura diminui, aquela água, antes impossível de agarrar, pode tornar-se objeto palpável (gelo). Com isso, suas moléculas se alteram e, portanto, o mesmo acontece com o registro informacional delas.

Toda essa explicação me lembrou de uma frase do filme *Star Wars*, que descreve muito bem a minha conceituação de energia:

> "A força é o que dá ao Jedi seu poder. É um campo de energia criado por todas as coisas vivas. Ela nos cerca e nos penetra. E une toda a galáxia".
> (Star Wars)

Resumindo, tudo é energia (inclusive nós mesmos).

D) Tudo é energia e tudo se conecta

Mais um trecho do *Manual Prático do Corpo Sutil* vale a pena ser transcrito aqui:

> (...) Entre as energias vitais mais básicas estão a eletricidade, o magnetismo e os campos eletromagnéticos. Cada célula e órgão do nosso corpo pulsa com eletricidade. Essa eletricidade gera campos magnéticos, que circundam todas as nossas partes, inclusive cada uma das nossas células e órgãos, bem como todo nosso corpo.
>
> "Biocampos" ou "campos biomagnéticos" são termos usados para fazer referência aos campos de energia do nosso corpo ou ao nosso corpo como um todo. Esses campos magnéticos se combinam para criar campos eletromagnéticos, que não apenas se estendem a partir de nós, mas também nos conectam a todos os outros seres vivos. A energia é propagada entre os seres vivos por meio desses campos.
>
> (...) Os campos de energia de duas pessoas podem se sobrepor e se interconectar, e a energia pode ser transferida de uma pessoa para a outra por meio dos campos que emanam de cada parte do nosso corpo.
>
> (...) Até mesmo os padrões de doenças, que são vibracionais e, portanto, móveis, podem ser transferidos de pessoa para pessoa através dos campos biomagnéticos sutis que compõem todos os seres humanos.
>
> (Manual Prático do Corpo Sutil: O Guia Definitivo para Compreender a Cura Energética; Energias vitais interconectadas).

Estudos apontam que essa interconexão energética existente entre nós, seres humanos, não exige que estejamos lado a lado com alguém. Já foram criados dispositivos capazes de medir determinadas interações vibracionais entre indivíduos, um desses dispositivos é o famoso SQUID, dispositivo supercondutor de interferência quântica.

PARTE 4

A ciência quântica, mais especificamente o campo de estudo da física, explica que o composto do ar (éter) unido a uma intenção (carga energética advinda da vontade), que flui de uma mente humana, resulta em força capaz de direcionar determinado fluxo vibracional de informações para alguém que está em outro continente. Como bem diz Cyndi Dale: "(...) essa energia é transmitida, como uma mensagem instantânea enviada pela *internet*, para o campo de energia de outra pessoa".

Isso não é nenhuma surpresa se paramos para pensar: o croata Nikola Tesla e o italiano, já mencionado neste livro, Guglielmo Marconi foram grandes estudiosos da comunicação sem fio. Seus estudos a respeito desse envio energético de informação sem um condutor físico direto resultaram na realidade que hoje vivemos: ligações imediatas por voz e vídeo com qualquer lugar do mundo, rede de conexão global (*internet*), rádios, televisões, computadores e todos os demais aparelhos conhecidos.

Tais fatos apenas representam externamente funções também exercíveis por nós, em nosso interior, porém que ainda não exploramos nem dominamos.

Para encerrar o raciocínio traçado até o momento, transcrevo uma última parte do livro de Cyndi Dale que estamos analisando:

> Então, o que é o campo áurico? Cientistas como James Oshman, autor de Energy Medicine, o consideram um campo biomagnético ilimitado que circunda o corpo.
> "Ilimitado" significa que o nosso campo áurico, composto por até doze camadas, se estende para fora, indefinidamente, a partir do corpo físico.
> (Manual Prático do Corpo Sutil: O Guia Definitivo para Compreender a Cura Energética; Capítulo dois; Campos de Cura: Campo Áurico).

DIREITO COMPLEMENTAR ENERGÉTICO-EMOCIONAL

Somos muito maiores do que pensamos ser, somos ainda um grande mistério para o nosso raciocínio lógico-linear. Cuidar dessas outras camadas é tão importante quanto cuidar da saúde física. Como diz o poeta Antonio Porchia, em sua obra Voces: "além do meu corpo as minhas veias são invisíveis".

Espero que com essas informações, que são possíveis pontos de partida para um estudo mais aprofundado, consiga absorver pelo menos a sementinha da ideia de que somos muito mais do que apenas vemos.

Nosso corpo material, por ser o único visto com os olhos físicos pela grande maioria, e percebido diretamente, tende a passar a falsa ideia de individualidade e separação.

Cada um de nós, por assim dizer, está formado por um todo complexo composto por diversas partes, umas mais sutis e outras mais densas. Por sua vez, esta suposta parte "invisível" do indivíduo está conectada a todas as demais silhuetas sutis que compõem o mundo a nossa volta.

Sendo assim, nós todos estamos conectados, formando uma grande e rica massa energética, de feito que ainda temos conexão também com tudo aquilo que consideramos inanimado (ex.: objetos, líquidos etc.). Além disso, por óbvio, estamos em constante interação vibracional com as ondas energéticas da Natureza que nos abriga.

Por isso, defendo a ideia de que devemos tratar o mundo (pessoas, animais, natureza etc.) da mesma forma como gostaríamos que ele nos tratasse. No fim das contas, somos partes de um mesmo todo.

Feliz mesmo é aquele que consegue compreender toda a beleza que transcende a ilusória e limitada visão de um mundo unicamente material, no qual a energia do átomo permeia a mente humana com toda força da ignorância.

E) "E eu com isso?" Ass.: profissional jurídico

Está bem, tudo muito lindo, mas espere um pouco... Por que abordar tal conteúdo em um livro direcionado aos profissionais jurídicos?

Minha percepção da profissão em pauta a enquadra nessa posição de "teia" que conecta tudo que existe, com o viés da ordem. Exatamente como toda essa camada energética interligada que acabamos de estudar.

Vamos entender: vimos que o Direito é a ciência das relações. Tudo concebido dentro de alguma relação, no amplo sentido da palavra, busca amparo nessa área. De feito, os precursores de uma relação são os seres humanos, mesmo que o outro polo seja distinto da espécie humana (meio ambiente, imóveis, animais etc.).

Com as informações que acessamos neste capítulo, ficou claro que a suposta separação e individualização egoica existente na mente humana não passa de uma visão distorcida. Tornou-se possível compreendermos que a realidade da concepção do Ser vai além do que consideramos "real", ou seja, do que vemos de fato, que é o mundo material. O Ser está também composto por esferas energéticas diversas, que ressoam outro tipo de vibração e abrangem moléculas menos densas que aquelas formadoras da matéria.

Vimos que as camadas energéticas que compõem todas as coisas que coexistem conosco aqui no Planeta Terra, inclusive nós mesmos, estão constantemente em conexão vibracional.

Por isso, o que pensamos ser "diferente" de nós e estar "separado" do nosso ser, na realidade, apenas o está visivelmente pela energia densa que compõe a matéria. Todas as camadas sutis que englobam o nosso ser, assim como todas aquelas que permeiam qualquer outra coisa, supostamente separada do que consideramos "eu" (outro ser, um objeto, um líquido), estão em interconexão o tempo todo.

A sutileza dessas moléculas faz com que a interação entre elas seja constante. Isso possibilita a criação de base para uma troca de informações muito mais profunda do que antes poderíamos entender, pois estávamos "presos" na ilusão de só haver o mundo da matéria.

Tamanha é a ignorância humana que, mesmo acessando pensamentos, mesmo sabendo que transita energia dentro de nosso organismo para que tenhamos a tal da "matéria animada", mesmo utilizando a eletricidade, custamos a crer que o mundo vai muito além da matéria.

Mesmo sem ver as ondas sonoras que existem em um diálogo, as partículas de luz que compõem uma imagem, a carga vibracional de uma emoção, as ondas de um micro-ondas, as ondas de rádio, televisão ou celular, e mais infinitos exemplos, ainda duvidamos da existência do mundo sutil.

Em realidade, talvez a palavra não seja "duvidar", pois não há o que contestar, os resultados desses campos sutis vivem diariamente conosco na 3a dimensão, a dimensão da matéria densa. Entendo ser mais correto dizer que ainda "ignoramos" a existência do mundo sutil.

Por que será que não cuidamos das nossas camadas mais sutis?

Por que não consideramos a importância e a influência que essas moléculas vibracionais exercem em nossa realidade?

Quando o ser humano perceber que o autoconhecimento é a chave que vai desamarrá-lo das correntes que o prendem na Caverna de Platão, então encontraremos a verdadeira luz.

Vejo o Direito como uma representação dessa interconexão que fundamenta uma base para que as relações existam no mundo factível.

PARTE 4

Da mesma forma, vejo os operadores do direito como partes essenciais a esse bom funcionamento que tal área busca.

Sem que os profissionais jurídicos entendam que eles são formados por infinitas camadas sutis inexploradas e que tudo em sua vida está interligado, não alcançaremos o que a essência do Direito busca.

O objeto da ciência jurídica são as pessoas. Acabamos de ter uma mísera ideia da complexidade que compõe uma pessoa, considerada na separação ilusória da matéria. Não acredito que apenas focando no universo material visível alcancemos uma ordem total na humanidade.

Vejamos: o todo poderia ser visto como a concepção de uma paz mundial e bem-aventurança geral, em que o normal seria ter uma vida organizada, justa e funcional, com qualidade e dignidade. No entanto, essa hipótese exige muito mais do que poderíamos trabalhar aqui, então fiquemos com uma ideia do todo sendo um bom funcionamento de nosso querido Brasil.

A busca por essa ordem social ocorre mediante as diversas relações que acontecem dentro do país, tendo como foco as ações humanas. Então, os registros reguladores (ex.: leis) da ordem estão todos voltados ao ser humano. Bem sabemos que a busca pela paz trabalha em um enfoque de reinserção social, a fim de trazer determinado indivíduo, que atuou em desarmonia com o que foi previsto, de volta àqueles preceitos que compõem a sociedade tida como ideal.

Sem entrar em nenhuma discussão sobre forma de organização social, pois não é este o objetivo, pensemos juntos: como poderia, verdadeiramente, ser um indivíduo reinserido em uma "ideia" de ordem social se sua parte material (corpo material) é o principal e, muitas vezes, único, enfoque? E o resto desse indivíduo? Seu repertório de vida, suas

DIREITO COMPLEMENTAR ENERGÉTICO-EMOCIONAL

emoções, seus traumas, sentimentos, crenças? Seu equilíbrio mental, espiritual, energético?

Ele não é apenas essa parte material que os olhos humanos registram. A nossa complexidade precisa ser considerada e inserida no nosso sistema, em sua totalidade. Existem muitas pessoas atuantes que se preocupam com essas partes humanas, mas isso ainda é um tema recorrentemente esquecido. Todavia, como não busco uma mudança mundial imediata nesse aspecto, meu alvo não é a reeducação em massa e muito menos a abordagem de uma reescrita legislativa.

Meu trabalho hoje, aqui e agora, é olhar para cada um dos profissionais que estão inseridos não só na real teia energética de conexão da Terra, como também nessa representação de teia que temos neste mundo dos fatos: o Direito.

O foco é cada um dos profissionais jurídicos que estiverem abertos a refletir sobre diferentes formas de encarar a vida e, portanto, de organizar as relações dos outros em suas profissões. Trata-se de um trabalho atuante nas raízes de grandes florestas, não na parte da folhagem.

Dessa maneira, trago aqui a autorreflexão: quanto você cuida do seu corpo sutil? Quanto você se atenta para sua saúde mental, emocional e espiritual? Você se preocupa em se "recarregar" energeticamente ou está tão ocupado que se permite ser cada vez mais sugado?

Você considera as pessoas que convivem com você também como seres complexos? Consegue vê-las de forma completa (sutil e densa)? Compreende que a "fachada" de alguém pode ser a ponta de um *iceberg* imenso?

Quando adaptamos nosso olhar para o mundo com lentes de compaixão e sutileza, passamos a trabalhar a compreensão interna, para lidar com nós mesmos e com os outros.

PARTE 4

Quanto mais nos conectarmos com todos os nossos corpos, com mais clareza saberemos dizer o que nos faz bem, com que tipo de energia queremos nutrir nosso ser, qual tipo de pessoa vamos manter por perto, em quais lugares consigo me cuidar e me limpar por completo, qual força quero dar para minhas mensagens, quais vibrações quero transmitir com meu trabalho, e assim por diante.

Infinitamente bem colocado, Mahatma Gandhi nos ensina: "seja a mudança que você quer ver no mundo". O trabalho sempre vai começar em nós mesmos. Com o tempo, vamos perceber que o que sentimos a respeito do outro diz muito mais sobre nós do que sobre aquela pessoa. Ela está ali servindo de reflexo para que olhemos para as nossas questões internas pendentes.

> "É como olhar no espelho precioso, onde forma e reflexo se encontram. Você não é ele, mas ele é tudo de você."
> (Tôzan Ryokai Daioshô, China, século X)

Esteja desperto. Reflita. Esse pensamento o tirará do papel da vítima do mundo, alimentando cada vez mais o sábio dentro de si. A partir daqui, é inevitável que você faça bem para os outros também, pois cuidando da sua energia você já automaticamente ressoará vibrações mais positivas.

É você quem escolhe a relação que quer ter com as camadas de seu Ser! Estude, investigue, teste, conheça e ame tudo que o compõe.

Caminhemos para nossas reflexões. Considero esse momento das passagens como o mais importante, pois é onde de fato entendemos o que tudo que foi dito quer realmente dizer e como aplicamos isso em nossa vida.

DIREITO COMPLEMENTAR ENERGÉTICO-EMOCIONAL

ORÁCULO DE REFLEXÕES IV

1. Você se considerava apenas seu corpo físico? Ou já tinha ciência de sua estrutura sutil?

2. Sabendo agora da tamanha carga energética que o envolve, você pode dizer que é alguém preocupado com isso?

- Existe, na sua rotina, no seu dia a dia, alguma atividade em que você permite desligar-se de todos os seus problemas e afazeres para focar-se em si mesmo?

- Qual a frequência com que você faz esse tipo de atividade?

- Quando você tem "muita coisa para fazer" e precisa escolher algo para pular no seu dia, costuma abrir mão desses momentos como primeira opção? Se sim, por quê? Eles são menos importantes?

- Como você se sente após esse tipo de atividade? Diria que seu dia e sua disposição mudam? Será que acessa e cuida de outras camadas suas, que não apenas a física, nesses momentos?

3. Desafie-se a observar diariamente o fluxo de pensamentos que visitam seu campo de energia.

- Atente-se: qual é a vibração principal que ocupa sua mente durante sua rotina? Você percebe pensamentos de baixa frequência como preguiça, cansaço, desmotivação e frustração vindo à tona recorrentemente? Ou podemos dizer que sua mente fica na maior parte do tempo alinhada com um estado de bem-estar, positividade, alegria, amor, fraternidade e altruísmo?

- Quais são as emoções que ditam seu humor? Você é alguém estressado? Percebe se irritar facilmente e com pouco? Se vê visitando vibrações de raiva, tristeza, medo e angústia frequentemente?

- Se sim, vale a pena?

- Lembre-se de que todas as vezes que visita esse tipo de energia e permite que essas frequências se mantenham, mais nutriente está dando para esse tipo de campo vibratório crescer em você.

- Perceba o que está atraindo cada vez mais para sua vida!

- Busque entender quais os gatilhos que trazem esses sentimentos e emoções: pessoas, locais, fatos etc. Como você costuma reagir nesses momentos?

- Os seus fatores internos influenciarão no desempenho diário de todas as áreas da sua vida. Quanto melhor você lidar consigo mesmo, melhor será sua relação com os outros. Para um profissional que tem "pessoas" como objeto de seu trabalho, isso deveria ser essencial.

4. Com qual tipo de pessoa você tem se cercado?

- Quando falamos de amizade, é possível escolher as pessoas que queremos por perto. Todavia, em ambientes de trabalho, com clientes, chefes, colegas, funcionários, assim como na família, essa possibilidade pode não existir. Sendo assim, sua compaixão deve ser acionada.

- Quando não se tratar de uma escolha estar ao lado de uma pessoa que não te faz bem, será ainda mais importante que você acesse o seu amor e sua força interna. Só eles serão capazes de verdadeiramente te proteger de ataques psíquicos. Isso não é papo de conto de fadas, são fatos exaustivamente comprovados pela ciência.

DIREITO COMPLEMENTAR ENERGÉTICO-EMOCIONAL

- Nesse tipo de situação, saibamos que estamos diante de uma zona de intenso aprendizado e que, em algum momento, poderemos nos afastar daquilo. Porém, agora devemos encarar da melhor forma que pudermos. Sendo assim, tenha em mente que você não é o único a passar por esse tipo de coisa. É importante que haja a intenção de ressignificar esse tipo de vivência, abrindo mão de perguntas como "por que comigo?" e passando a questionamentos do tipo "o que tenho que aprender com isso?". Sempre haverá aprendizados, quanto antes você perceber, mais rápido deixa de enfrentar a situação desafiadora.

- Não sendo esse o caso, faça suas escolhas de forma consciente: busque cercar-se de pessoas de bem, que enaltecem, apoiam, confortam e são honestas. Aqueles que torcem por você verdadeiramente. Quanto mais conectados estamos com nossas camadas energéticas sutis, mais fácil percebemos e atraímos esse tipo de gente. "Semelhante atrai semelhante", lembram? Portanto, seja o tipo de pessoa que você quer ter por perto.

- Preste atenção mais em si do que nos outros. Cada um representa a ponta de um *iceberg* escondido embaixo d'água, onde guarda todo seu repertório. Você é responsável apenas pelo seu processo. Você sempre saberá qual é o melhor caminho a seguir, a fim de agir de forma coerente com seus valores. Seja sua própria voz, faça suas escolhas de forma consciente.

- Sempre que necessário, acione a ferramenta da "balança mental". Desenvolvi esta técnica para ser algo usado rapidamente em um momento de decisão ou pré-ação.

PARTE 4

- Coloque em cada um dos lados da balança o enredo ao qual você está inserido: de um lado estará sua ação (o que você irá fazer) e a reação disso, que você consegue pensar nesse momento (resultado decorrente de seu ato prévio); do outro, o seu "eu ideal", aquela pessoa que você busca ser, alguém alinhado com a ética.

- Esses dois polos estão em equilíbrio? Seu ato e o resultado dele correspondem à pessoa que você almeja ser? Se sim, vá em frente! Se não, repense.

- Não se preocupe, você sempre saberá em seu coração o verdadeiro resultado dessa balança, o importante é ter consciência de agir de acordo com sua essência e não escolher pautado em prazeres momentâneos e reações automáticas prejudiciais. Seu coração não erra, ele deve estar confortável.

- Observe: quais são as pessoas que trazem equilíbrio para sua balança? E as que a desequilibram? Isso não quer dizer que alguém é bom ou mau, apenas significa que a energia daquela pessoa não está alinhada com a sua nessa fase da sua vida. E tudo bem! Isso não é definitivo e nunca será. Pode ser que amanhã o cenário seja outro. Por isso, não há espaço para julgamentos. Apenas observe o que está alinhado com aquilo que você tem buscado nutrir-se e, então, aproxime-se de seu objetivo.

- Você não se torna melhor que ninguém, nem Guru espiritual, por começar a desenvolver essa atenção sutil. Sua responsabilidade resume-se apenas às suas escolhas, cuide delas e então estará ajudando o mundo. Além disso, seus ensinamentos virão pelo exemplo de sua pessoa.

- Cuidado para não transformar autoconhecimento em vaidade!

5. Escolha bem o que trazer para seu campo energético: isso definirá quem é.

- Acione seus filtros! Aprenda, desaprenda e reaprenda, mas sempre se vigie. Você saberá o que deve ser descartado por meio de seu filtro principal: o do coração.

- Permita-se sentir as coisas. Você é um ser sensitivo, simplesmente é, aceite isso, use. Trata-se de um corta-caminho. Abafar sua sensibilidade é a mesma coisa que escolher o caminho mais árduo e longo, ele também te levará ao destino, mas com mais desafios.

- Perceba, nem que por alguns segundos, como determinada informação, pessoa, fato, alimento, objeto ou ambiente ressoa em seu coração. É confortável? Se sim, ótimo! Quando não for, pode ter certeza de que algo não está devidamente encaixado (não tente racionalizar isso, não é algo mentalmente compreensível, mas sim puramente sensitivo).

- Vale, então, uma reflexão: sei que determinada coisa não está alinhada com a minha energia, o que farei com isso a partir daqui?

6. Como você costuma enxergar o outro? Um reflexo de si ou algo totalmente separado?

- Você já fez algo do qual se arrepende? Já mudou de ideia sobre determinado tema? Já agiu de uma forma que não agiria atualmente? Já quis que os outros tivessem paciência, compaixão e compreensão com você? Já tomou decisões das quais não se orgulha?

- Se a resposta para, pelo menos, uma dessas perguntas foi "sim", você acaba de ser definitivamente classificado como um ser vivo da

PARTE 4

espécie humana. Tais acontecimentos tendem a ser frequentes no período de vida desses seres (risos).

- E quer saber mais? Tudo aquilo ali pode, e arrisco afirmar que vai continuar acontecendo durante sua trajetória de vida aqui na Terra. Mas não desanime não!

- Vou dar mais uma dica: lembra quando mencionei um tema denominado Leis Universais? Até chegamos a comentar uma delas, que envolve ação e reação.

Lembrou? Espero que sim. Caso não tenha recordado é só voltar para a página 51 e refrescar a memória antes de seguir.

Bem, comentei que o ser humano possui instalado em si um botão de "reciprocidade" que, por sua vez, está inserido nessa lei universal da ação e reação. Sendo assim, a maneira como você escolhe depositar energia no mundo vai determinar a forma como eventualmente a reação dessa ação virá ao seu encontro. Sendo assim, imaginemos que estamos enfrentando uma situação desagradável na vida, na qual tudo que desejamos é empatia e compaixão dos outros.

Quando estamos no meio de um furacão, sabemos o quão ruim é; quando está tudo certo conosco e nos deparamos com uma pessoa em um desses furacões, às vezes esquecemos o que é estar nessa experiência. Agimos eventualmente como se desconhecêssemos totalmente aquilo. Insensibilidade definiria bem.

- Caso você seja uma dessas pessoas que "esquece" o quão ruim é passar por uma situação desagradável na vida, pelo menos lembre-se da

DIREITO COMPLEMENTAR ENERGÉTICO-EMOCIONAL

Lei Universal que trabalha com reciprocidade. Seja compassivo e empático, para que, quando chegue sua vez de enfrentar algo desagradável, possa ser também acolhido dessa forma.

- O mesmo raciocínio funciona quando vemos uma pessoa optando por agir de uma forma que não concordamos, que não se alinha com quem somos. Não queira impor sua verdade sobre ela, iniciaria apenas um embate infindável entre verdades absolutas.

- Cada um possui seu momento de se conhecer e, no tempo ideal, vai se perceber como algo além da matéria, isso transforma a pessoa na hora dela. Respeite o tempo do outro, para que tenha o seu também respeitado.

- Tais conceitos foram aqui voltados para uma perspectiva pessoal, mas são tranquilamente compatíveis com a realidade de qualquer profissional jurídico. Afinal, tais ofícios desenvolvem-se em uma ciência relacional humana, a qual clama por profissionais conscientes da complexidade sutil que nos compõe.

7. Com qual tipo de informações você nutre seu ser?

- Você se preocupa com a qualidade de notícias que lê diariamente?

- Qual espécie de entretenimento você mais consome?

8. Você tem se hidratado? Fornece a quantidade de água necessária ao seu corpo? Como é sua alimentação? Você percebe alguma relação de compulsão e/ou vício em sua vida? Se sim, qual você sente ser o gatilho para que tenha as crises?

- A energia necessária para que nosso corpo funcione não vem apenas

PARTE 4

de alimentos. Nossa energia vital é também nutrida pela luz solar, pela respiração e pela fonte central de energia universal, possível de acessarmos conscientemente por um estado meditativo cerebral. Por meio dessas bases, a energia vital humana recebe tudo que precisa para atuar em sua máxima potência.

9. Você se atenta para esses pontos? Toma pelo menos 10 minutos de sol por dia, observando recomendações médicas?

- Sempre consultar um profissional e respeitar suas limitações.

10. Como é sua relação com sua respiração?

- Você respira conscientemente em algum momento do seu dia? Nota que está respirando ou nunca o faz por sempre manter essa função no automático?

- Você silencia sua mente e se nutre de calmaria? É essencial que seja fornecido para seu corpo um momento de reabastecimento, descanso e pausa. Sem essa parte no seu dia, sua concentração e seu rendimento ficarão cada vez mais prejudicados.

- Dar atenção apenas para o lado de trabalho e produção de sua vida, saturando-o, faz com que o polo oposto, de autocompaixão, autorrespeito, tranquilidade mental e paz interna, igualmente necessário e importante, seja negligenciado e não receba a devida atenção que merece.

A palavra-chave é equilíbrio, sempre e em tudo!

PARTE 5

8. FASE INTER

Seguindo com nosso "Caminho de Relações", entramos agora na fase INTER, responsável por abordar ferramentas focadas em relações pessoais. Neste bloco iremos trabalhar com assuntos capazes de tornar a sua relação com os outros seres humanos mais saudável e pacífica.

Nada melhor para iniciar esse tipo de assunto do que uma colocação do 14.o Dalai Lama, líder budista do Tibete, referência na luta pela paz:

> (...) Podemos fomentar a ideia de que seres humanos são criaturas sociais, que nossos interesses individuais se apoiam na sociedade e que é do nosso próprio interesse termos um coração bondoso e sermos bons vizinhos uns para os outros.
>
> Isso está diretamente relacionado com o que penso que são os valores humanos básicos – quais sejam, um senso de carinho, um senso de responsabilidade e um senso de perdão, baseado no compromisso com a unicidade da humanidade.
>
> Nós poderíamos chamar esses valores humanos básicos de ética secular, já que eles não dependem de fé religiosa. E o quero dizer com secular é que se adotamos uma religião ou não, o que é uma questão particular, esses valores permanecem verdadeiros.
>
> O próprio propósito da vida é encontrar a felicidade, então não há sentido algum em negligenciar os

> próprios valores que estão diretamente relacionados
> com o que faz a gente feliz.
> (Texto retirado da Tibet House Brasil - Centro do Patri-
> mônio Cultural e espiritual tibetano; De boa-fé: Uma
> ética secular para nossa época - O Dalai Lama; 20 de
> outubro de 2017).

Sua Santidade traçou uma busca pelo que chama de ética secular, conceito que supera qualquer crença religiosa e visa a uma ética global pautada em valores humanos.

> No mundo secular de hoje, a religião apenas já não
> é mais adequada como base para a ética ... qualquer
> resposta baseada na religião para o problema da nossa
> negligência com relação a valores internos nunca po-
> derá ser universal, e, portanto, será inadequada. O que
> nós precisamos hoje é de uma abordagem para a ética,
> que não recorra à religião e que possa ser igualmente
> aceitável para os que têm fé e para os que não têm:
> uma ética secular.
> (His Holiness the Dalai Lama, 2011. Beyond Religion:
> Ethics for a Whole World. Boston, MA: Houghton Mif-
> flin Harcourt, p. XIII).

Esse tipo de argumentação vinda do monge budista de mais alto cargo governamental e espiritual do Tibete representa o futuro. Uma das figuras religiosas mais respeitadas e conhecidas no mundo escolheu adotar um discurso pautado na ética, desconsiderando a influência religiosa, na luta pela não violência.

Uso ainda como demonstração da coerência desse argumento o próprio berço da minha Pós-Graduação em *Cultivating Emotional Balance*,

PARTE 5

que já comentei anteriormente. Essa formação do CEB nasceu em um dos encontros do Mindand Life Institute, organização sem fins lucrativos que reúne os melhores cientistas do mundo e Sua Santidade 14º Dalai Lama para trocarem informações e sabedoria. O curso foi fundado por dois cientistas presentes nesses eventos.

A separação entre a espiritualidade e a ciência está cada vez mais fraca. É inevitável aceitar que ambos conceitos abordam, estudam e exploram temas semelhantes e complementares, porém com vocabulários adaptados a cada um dos nichos. Quanto antes encararmos os fatos, mais descobertas favoráveis à vida humana acontecerão.

Retomando a linha de fundamentação do discurso do Dalai Lama, analisemos mais uma de suas colocações: "A intolerância leva ao ódio e à segregação. As gerações mais jovens têm a responsabilidade de garantir que o mundo se torne um lugar mais pacífico. Mas isso só pode se tornar realidade se nossos sistemas educacionais educarem não apenas o cérebro, mas também o coração".

Uma educação jurídica para o cérebro dos profissionais já temos, e de alto nível. No entanto, a parte que concerne ao coração foi ignorada e posta em uma posição de algo "menos importante" e/ou "assuntos de autoajuda". Não é nada disso! Muito pelo contrário, é tão importante quanto qualquer teoria e técnica.

É necessário que nos responsabilizemos pela nuvem de intolerância que existe sobre nossas cabeças. Está na hora de começarmos a diluí-la em compreensão e respeito. Não devemos mais alimentar a concepção de sermos inimigos, pois não somos! Todos nós temos um mesmo objetivo: ser feliz. A sobrevivência da humanidade pede para que foquemos em nossas afinidades e não que enfatizemos o que nos divide.

139

"Como adultos, muitas vezes nos encontramos tão focados no conceito do 'outro' que nos esquecemos da nossa humanidade comum", disse o acadêmico da Universidade Emory, durante o lançamento do sistema de ensino proposto por Sua Santidade, em Deli.

Sendo assim, vamos começar entendendo em qual momento de nossas vidas podemos conscientemente exercitar a tolerância, cessando cada vez mais a violência em atos e falas. Como bem salienta Ozawa-de Silwa: "não se trata apenas de dizer às pessoas para serem gentis. Os alunos investigam e, por meio do pensamento crítico, constatam que é mais produtivo ser gentil e compassivo".

A) Funcionamento de um episódio emocional

Todos nós passamos pelo processo de um episódio emocional várias vezes ao dia. A linha do tempo desse acontecimento funciona da seguinte maneira:

PARTE 5

PÓS-CONDIÇÃO

Parece complexo, mas não é. Vamos por partes!

O impulso capaz de iniciar um episódio emocional em nós é o GATILHO. Este, por sua vez, está composto por 3 elementos. O primeiro deles é nossa precondição, ou seja, como estamos antes de acontecer um determinado fato.

Tal fato ocorrido chamaremos de evento, que diz respeito ao segundo elemento. Por último, acionamos a nossa base de dados, a qual trata-se de nossos registros internos e inconscientes, construídos ao longo de nossa vida, que ditarão a forma como reagiremos àquela situação. A junção desses três fatores desencadeia um gatilho interno em nós.

Darei um exemplo para que entendamos melhor cada uma dessas etapas. Imaginemos a vida de João, profissional jurídico privado, que atua em um escritório, possui uma posição Sênior e costuma dedicar-se a seu trabalho até atingir a exaustão.

Em uma quarta-feira, João acordou às 8h da manhã com muito sono, dor de cabeça e cansaço físico, pois ficara até às 3 horas trabalhando na madrugada anterior. Arrumou-se e partiu para o escritório. Aqui já podemos verificar o primeiro elemento que pode vir a compor um gatilho no dia de João: sua precondição. Ele está cansado e com dor.

DIREITO COMPLEMENTAR ENERGÉTICO-EMOCIONAL

Ao longo do dia, o chefe de João, Marcos, o solicita sem pausa e passa cada vez mais trabalho para sua lista de afazeres. Quando o relógio registra 18 horas daquele dia, João, ainda cheio de coisa para fazer, é chamado mais uma vez na sala de seu superior.

Marcos, então, delega outro projeto para João e diz que quer aquilo pronto na primeira hora do dia seguinte, para que ele revise. Nesse momento, João, exausto, atinge seu limite interno e se sente intensamente injustiçado.

Com essas informações, somos capazes de identificar os outros dois componentes do gatilho: o evento e a base de dados emocional. Depois de intensos dias de trabalho, uma noite maldormida e inúmeros afazeres, Marcos exige mais um projeto de João e ainda apresenta um prazo inviável. Esse foi o evento do gatilho desse episódio emocional que estamos analisando.

Por sua vez, a base de dados emocional de João determinou a forma como ele passou a se sentir com esse determinando evento, considerando a sua precondição já identificada. João, naquele momento, acessou uma crença interna que o faz crer que todos o exploram e abusam da sua incapacidade de "dizer não" e impor seus limites.

O organismo de João esperava compreensão e gratidão por parte de Marcos, devido a todo seu esforço no trabalho. Por isso, diante de uma situação dessas, a qual ele interpretou como ameaça e indiferença, a sua base de dados emocional acionada inconscientemente foi a de que "ninguém se preocupa com ele", não importa se possui milhões de coisas para entregar, se está exausto, com dores e sem energia.

Um parêntese aqui: muito provavelmente João tenha fixado anteriormente essa crença em seu subconsciente devido a outro acontecimento passado de sua vida, que o fez sentir dessa forma e adotar essa base

PARTE 5

de dados como mecanismo de autodefesa. Isso pois, tendo o organismo dele reconhecido uma situação desse tipo, ele sabe que não é agradável e já envia os comandos de uma suposta reação ideal.

Continuando... estando ciente de que todo o exposto até aqui corresponde ao GATILHO de um episódio emocional, passemos para a EMOÇÃO.

A precondição, o evento e a base de dados emocional dão vida a um gatilho interno. Esse, depois de integralmente interpretado pelo organismo humano, abre portas para a entrada da vibração de uma emoção em nós.

» O que é uma emoção?

Paul Ekman, psicólogo especialista no assunto, conceitua da seguinte maneira:

> Trata-se de processo que é o resultado de uma avaliação automática influenciada pelo nosso passado pessoal e evolutivo, no qual sentimos que algo importante para nosso bem-estar está ocorrendo e inclui mudanças fisiológicas e comportamentais.

» Quais características possuem as emoções?

Ainda de acordo com Paul Ekman, são elencadas 15 características das emoções, quais sejam:

1) Possuem sinais universais distintos, retratados por expressões faciais típicas de cada uma, mudanças no tom de voz etc.;

2) Cada emoção carrega diferentes fisiologias, por exemplo, a raiva e o medo geram mudanças no batimento cardíaco, no fluxo sanguíneo, na temperatura da pele e na quantidade de suor;

DIREITO COMPLEMENTAR ENERGÉTICO-EMOCIONAL

3) Todas elas são resultado de uma avaliação automática feita pelo organismo, que dura em média uma fração de segundo - de 100 a 200 milissegundos. É muito rápida a nossa avaliação corporal, após curto período de tempo, contado a partir do gatilho, já entramos em contato com a emoção;

4) Possuem um conjunto de gatilhos que são universais, ou seja, independe de quem esteja sendo analisado, a maioria dos seres humanos costuma considerar um mesmo gatilho para determinada emoção. Por exemplo, um evento de agressão costuma representar um gatilho para a emoção de raiva e/ou medo, na maior parte das pessoas;

5) As emoções estão também presentes em outros primatas;

6) São capazes de iniciar rapidamente, o que significa que é quase impossível impedirmos uma emoção de interagir com nosso organismo. Iremos sim sentir a emoção, é muito veloz sua capacidade de início em nós, não há como freá-la;

7) Elas podem ser de breve duração, permanecendo, por vezes, apenas uma memória celular;

8) Simplesmente acontecem, não escolhemos sentir uma emoção. Nosso livre-arbítrio não atua frente a uma emoção, o que podemos aprimorar é nossa forma de reagir. Isto é, a maneira como nos comportamos perante o mundo a partir do que estamos sentindo;

9) Produzem pensamentos, memórias e imagens distintas;

10) Proporcionam experiências subjetivas distintas e sensações, das quais podemos, ou não, nos tornar conscientes;

PARTE 5

Estar consciente significa, por exemplo, se no caso do João ele for capaz de perceber que naquele momento do gatilho, do episódio emocional narrado, entrou em contato com uma determinada emoção, que destampou uma experiência subjetiva e sensações passadas. Ou seja, aquela situação toda foi uma força que apertou um botão que já existia em João, por isso ele reagiu de determinada maneira.

Quando esse tipo de autoconsciência e autoanálise ainda não está desenvolvido, o que temos é a seguinte situação: João iria logo condenar Marcos como o verdadeiro responsável por tudo aquilo que estava sentindo. Sendo que, na verdade, o chefe está ali representando para João o que precisa cuidar em si mesmo (claro, de forma inconscientemente também), pois enquanto João não trabalhar o autorrespeito e aprender a impor seus limites, vai seguir atraindo situações do tipo para sua vida;

11) Possuem um período refratário, ou seja, lapso temporal sobre o qual não temos controle consciente.

Esse período retrata o intervalo em que o indivíduo está tão enviesado em uma emoção, que nada entra nele nem o faz mudar de ideia. Casos em que até uma gentileza pode causar irritação (ex.: "nossa, olha essa pessoa forçando a barra, querendo ser gentil"). A pessoa está tomada pela emoção, esta ainda não está digerida, segue dominando sua forma de pensar e de ver o mundo. Isso pode acontecer tanto com uma emoção destrutiva quanto uma emoção construtiva. O período refratário é variável de indivíduo para indivíduo, pode ser reduzido com treinamento focado em desenvolver habilidades que o encurtem. Cada um possui aptidão para cuidar apenas de seu próprio processo. Para ajudar o outro que está em período refratário, a primeira coisa é acolher o sentimento e emoção dessa pessoa e, então, tendo ela se acalmado, é momento para conversa, quando necessário;

12) O alvo da emoção é irrestrito, ou seja, o alvo de um medo, uma raiva, uma tristeza ou uma alegria pode ser qualquer coisa; uma pessoa, um fenômeno físico (ex.: clima), e assim por diante;

13) Pode ocorrer sem a consciência de estar emotivo. Estou em contato com a vibração de uma emoção, mas não a detecto de forma consciente;

14) Podem ser construtivas ou destrutivas;

15) São sobre coisas que importam à pessoa, sejam coisas reais ou imaginárias.

Paul Ekman classifica algumas emoções como sendo universais, nesta lista estão: raiva, tristeza, medo, nojo, alegria, surpresa e desprezo. Trabalhando com essa classificação em nosso caso concreto, digamos que João, após ser engatilhado com aquela situação toda, entrou em contato com a emoção de raiva.

De acordo com o esquema do começo do capítulo, vemos que a nossa interação com uma emoção é capaz de gerar mudanças físicas e psicológicas em nossos corpos. Essas mudanças não são taxativas a todos os indivíduos e também variam de acordo com o que está sendo sentido.

Então, na situação de João, suponhamos que, quando ele entra em contato com a emoção da raiva, suas bochechas fiquem vermelhas, sua mandíbula contraia e venha uma forte dor de cabeça. Tais alterações físicas ocorrem no corpo DELE, isso é dizer que no corpo de outra pessoa, quando em contato com a raiva, as mudanças podem ser similares ou totalmente diferentes. Descobrir isso também faz parte de uma auto-observação e do autoconhecimento de cada um.

Quanto mais você se observa, se investiga e se conhece, mais protagonismo terá em sua realidade. Digamos que João já tenha percebido em si o padrão inconsciente de contração da mandíbula quando sente raiva. Assim que essa mudança física começar a acontecer, João já terá a imediata consciência de que está em interação com a emoção da raiva. Isso faz com que ele tenha a possibilidade de escolher a forma como vai se comportar a partir dali, pois sabe que está com raiva naquele momento, em vez de inconscientemente se entregar a uma reação automática.

Em paralelo às mudanças físicas, temos também mudanças psicológicas, a depender da emoção. No caso de João, seu contato com a raiva trouxe confusão mental e bloqueio da capacidade de pensar, por exemplo. A mesma linha de raciocínio das alterações físicas se aplica aqui.

Nesse momento é muito comum surgirem perguntas do tipo: "então, qual seria a função de uma emoção?".

Bem, além do fato de que sentir uma emoção demonstra que estamos vivos e que temos nossas camadas totalmente integradas, pois vimos que uma vibração molecular alterada por determinada influência real ou imaginária, surte efeitos em todas as esferas humanas (física, emocional, psicológica, energética e espiritual), as emoções também servem para salvar nossas vidas.

Vejamos este exemplo simples:

DIREITO COMPLEMENTAR ENERGÉTICO-EMOCIONAL

Quando você olha para um pão mofado, aquele alimento não te parece apetitoso, concorda?

A aparência do mofo e o efeito que ele causa no pão não são atrativos para nosso paladar. Em uma situação como essa, o gatilho gerado a partir da imagem desse pão cheio de mofo pode nos trazer a emoção de nojo.

Essa emoção de nojo será a responsável por guiar nossos próximos atos a partir dali: se comermos o pão, podemos passar mal e até contrair uma doença séria; se descartarmos esse pão a nossa emoção de nojo salvou nossa vida.

Outra função atribuída às emoções é a de ser elemento essencial para formar relacionamentos, sejam amorosos, amigáveis, profissionais etc. A depender de qual tipo de gatilho aquela pessoa gera, você saberá dizer se quer ou não a ter ao seu lado na vida.

Suponha que um indivíduo tenha atitudes completamente opostas aos seus valores, isso poderia servir como um gatilho para a tristeza ou o medo. Sendo assim, por conta dessas emoções, talvez sua opção seja a de não alimentar um relacionamento com aquele indivíduo. Por outro lado, alguém que engatilhe alegria e que nutra sentimentos bons, com certeza, seria uma pessoa que faria bem estabelecer um relacionamento.

Mais um atributo de funcionalidade das emoções é conferido ao fato de que elas surgem em resposta à satisfação ou ao impedimento de nossas necessidades básicas. Logo, pela investigação e análise da emoção que entrou em contato conosco, podemos entender qual necessidade básica não está sendo atendida, ou qual delas foi satisfeita.

No episódio do João, a emoção da raiva que ele sentiu demonstrou que algumas de suas necessidades básicas estavam sendo negligenciadas ou atendidas?

PARTE 5

Fácil, né? Demonstra, por óbvio, impedimento de suas necessidades, como dormir, descansar, silenciar a mente etc.

Por fim, as emoções têm também a função de motivar um comportamento. Era aqui que eu queria chegar. Retomando nossa linha do tempo de um episódio emocional, percebe-se que, a partir de uma emoção, temos duas opções a serem seguidas: ter uma ação construtiva frente ao cenário do momento, ou então agir de forma destrutiva. Por isso, dizemos que uma emoção motiva nosso comportamento, influencia nossos próximos atos.

É nesse momento que podemos exercitar a tolerância, gentileza, compreensão, empatia, compaixão e humildade. O GAP de tempo entre o instante em que percebemos a emoção que está em nós (raiva), e o qual "reagimos" a partir dessa emoção (resposta ao chefe), pode ser trabalhado e aprimorado.

Vejamos o João, retomando o ponto exato onde paramos: João se encontra na sala de seu chefe no momento em que recebe mais uma ordem de projeto. Ao ouvir a delegação de Marcos, ele sente raiva, sua mandíbula contrai e fica com a mente confusa. A partir dessa emoção, João reage automaticamente, explodindo com seu chefe e dizendo coisas desnecessárias aos berros. Essa ação de João foi destrutiva.

Por outro lado, suponha que João já esteja se trabalhando e cultivando a tolerância interna. Naquele momento, antes de reagir, ele respira fundo e fica em silêncio até retomar seu foco consciente e equilíbrio emocional, mesmo sentindo intensa raiva e sendo alvo de todas aquelas mudanças físicas e psicológicas.

Quando se sente pronto, João mantém seu tom de voz neutro e explica para seu chefe suas condições atuais, perguntando se ele poderia passar esse determinado projeto para outra pessoa. Para sua surpresa e alívio, a forma como havia respondido a Marcos fora tão educada e sincera, que o desfecho se deu da melhor forma possível. Sua ação foi construtiva.

O ciclo da ação para nós aqui, que estudamos o DCEE e buscamos evoluir, vai passar a seguir o seguinte raciocínio:

O resultado de sua atitude será reflexo do repertório que carrega registrado em si, a visão que construiu de mundo. O repertório, por sua vez, está composto por crenças, isto é, frases que registramos em nosso inconsciente como verdade absoluta para nossa vida; por exemplo "só acredito vendo"; "manda quem pode, obedece quem tem juízo"; "para ser feliz preciso trabalhar muito"; "a sociedade só vai me aceitar se eu for magro"; "preciso ser agressivo para conquistar meu espaço"; "a vida não é fácil". As crenças servem de fundamento para as atitudes.

Assim como podemos registrar crenças de amor e compaixão, como "todos os seres humanos são irmãos", também carregamos crenças que nos limitam. Cada um de nós tem o próprio leque de registros desse tipo e muitos deles nem sabemos que levamos em nós.

PARTE 5

Pela autoanálise, é possível enxergarmos algumas dessas crenças que temos e, então, com a consciência de carregar determinado tipo de coisa, podemos optar em nos desfazer dela ou mantê-la. Nós atraímos para nossa realidade a energia daquilo que damos ao mundo, o que damos ao mundo parte do que acreditamos. Revise suas crenças, questione-as e, quando necessário, livre-se do que te atrasa.

Libertando-nos de velhos condicionamentos, por Marshall B. Rosenberg:

> Todos nós aprendemos coisas que nos limitam como seres humanos - seja de pais bem-intencionados, de professores, de religiosos ou de outras pessoas.
>
> Passado adiante através de gerações, até de séculos, muito desse aprendizado cultural destrutivo está tão enraizado em nossa vida que nem temos mais consciência dele.
>
> Num de seus números, o comediante Buddy Hackett, criado comendo a comida pesada da mãe, afirmou que até ter entrado para o Exército nunca tinha percebido que era possível deixar a mesa sem sentir azia.
>
> Da mesma maneira, a dor ocasionada por condicionamentos culturais nocivos é uma parte tão integrante de nossa vida que não conseguimos mais perceber sua presença.
>
> É preciso muita energia e consciência para reconhecer esse aprendizado destrutivo e transformá-lo em pensamentos e atitudes que valorizam e servem a propósitos da vida.

Para fecharmos o raciocínio, nosso esquema de um episódio emocional se encerra com o item chamado pós-condição. Mantendo o mesmo raciocí-

DIREITO COMPLEMENTAR ENERGÉTICO-EMOCIONAL

nio que tivemos no início do capítulo, foi considerada como parte do gatilho a precondição do indivíduo, isto é, a maneira como ele se encontra antes do evento consumar-se. A pós-condição trata-se da mesma análise, porém agora levando em consideração o momento posterior à ação do indivíduo.

Considerando o primeiro desfecho da história de João, vimos que sua ação foi destrutiva frente ao gatilho e à emoção desse episódio analisado. Mais tarde, quando João já deixara o escritório a caminho de casa, percebeu uma sensação estranha de frustração. Notou que estava arrependido pela postura adotada. Sua reação áspera e desrespeitosa gerou ainda mais mal-estar. Quando estava mais calmo, até chegou a telefonar para Marcos e pedir-lhe perdão pela forma como havia reagido naquele dia, mas ainda assim João permanecia desapontado consigo mesmo.

A partir desse enfoque, a coisa mais inteligente que resta a João fazer agora é acolher seus sentimentos, analisá-los, procurar entender o porquê de tudo aquilo estar latente em sua vida e, então, integrar os aprendizados que pôde obter daquela situação. Com autocompaixão e força de vontade, o protagonista é capaz de registrar o que precisava aprender com aquele desafio e então libertar-se da atração desse tipo de situação em sua vida.

De outro ponto de vista, se levarmos em consideração a segunda hipótese de encerramento para a história de João, provavelmente estaríamos diante de outra espécie de pós-condição. João, ao policiar-se e responder a Marcos de forma respeitosa e verdadeira, expondo sua real necessidade, teve seu pedido atendido e, naquela noite, descansou.

Esse é o cenário de uma pós-condição tranquila para João, isenta de frustração, tristeza ou arrependimento. Pelo contrário, dotada de orgulho de seu trabalho pessoal, sua evolução humana e seu autoconhecimento estarem mostrando resultados, trazendo benefícios para ele e para o mundo.

PARTE 5

E encerramos assim a explicação sobre o funcionamento de um episódio emocional. Para retomarmos os conceitos e organizarmos nosso pensamento, passemos a um resumo:

1) Um episódio emocional começa com um GATILHO e o primeiro componente do gatilho é a precondição (como a pessoa estava antes disso acontecer); o segundo componente é o evento (o que aconteceu, sendo que essa pessoa já estava de uma forma - João estava exausto e seu chefe deu mais coisa para fazer); e o terceiro componente é a base de dados emocional (como a pessoa reage quando está assim; ex.: explode com o chefe. Trata-se da forma como geralmente a pessoa lida com essa situação específica; quais crenças profundas são acessadas).

2) Tudo isso forma o gatilho, que desencadeia uma EMOÇÃO (no caso do exemplo é a raiva). Essa emoção traz mudanças físicas e psicológicas, e desencadeia uma AÇÃO DESTRUTIVA OU CONSTRUTIVA. Quando a raiva explode, ocorre na pessoa uma série de mudanças físicas (tensão, calor, tremedeira etc.) e psicológicas (confusão, mudanças mentais) e isso pode levar ou a uma ação construtiva (dizer com calma que não daria conta de fazer tudo que o chefe está pedindo com qualidade) ou destrutiva (explodir com o chefe). Às vezes, podem ser ambas.

3) Todo esse cenário vai gerar uma PÓS-CONDIÇÃO (como estou me sentindo após todos esses eventos; se tive uma ação destrutiva, posso estar me sentindo mal; se tive uma ação construtiva, então posso estar bem).

EXERCÍCIO

Preencha a linha do tempo de um episódio emocional com um exemplo seu:

(Precondição + evento + base de dados de emocional) = Gatilho

↓

Emoção (mudanças físicas e psicológicas)

↓

Ação construtiva ou destrutiva

↓

Pós-condição

Começar a perceber seus episódios emocionais acontecendo várias vezes durante o dia e criar essa consciência de auto-observação revelará inúmeras características, qualidades, dons e virtudes que você nem sonhava ter.

Para essa explicação resta apenas uma reflexão a ser feita, quando necessária. Questione-se: "O que eu faria diferente para ser alguém melhor dentro desse meu episódio emocional?" (no caso de não ter se sentido satisfeito com sua resposta emocional).

B) Empatia

E chegamos a ela, nossa famosa empatia! Para que fique bem clara a tamanha importância que esse conceito carrega, temos um espaço aqui só para falar dela.

PARTE 5

Essa bonita vai ser sua fórmula secreta para estabelecer o melhor tipo de relação possível em qualquer área da sua vida. Sei que há uns anos essa palavra tem se tornado conhecida e famosa mas, por incrível que pareça, em pleno ano de 2020, muita gente ainda não sabe qual é o real significado de empatia.

Existem diversos estudiosos que mergulham a fundo nesse termo, assim como muitas universidades renomadas do mundo. Nomes como o de Brené Brown e Marshall Rosenberg são minhas fontes de estudo e inspirações principais sobre o termo. Grandes mestres de Harvard, cito o professor Tal Ben-Shahar, também abordam o assunto, demonstrando cada vez mais como devemos desmistificar a nossa visão "conto de fadas" de palavras desse tipo e entendermos, de uma vez, que se trata de um conceito científico e essencial para a sobrevivência humano-social.

Seguindo a diretriz de uma de minhas obras preferidas: Comunicação não violenta, também chamada de comunicação empática, vamos iniciar nosso aprendizado com um balde de água fria na cabeça, para acordar.

Observação dos fatos

Senhoras e Senhores, com vocês: Samuel L. Clemens, ou melhor, Mark Twain!

> **"Sou um homem velho e conheci um grande número de preocupações, mas a maioria delas nunca aconteceu."**

Muita coisa nessa frase, né?

Você é esse tipo de pessoa que se sobrecarrega demais com possíveis acontecimentos que não passam de criações mentais?

Vamos iniciar nosso discurso entendendo o que Marshall Rosenberg chama de "Observação da realidade" e Alan Wallace, de "Equilíbrio Cognitivo".

Existe diferença entre a apreensão da realidade tal como ela é e a interpretação que fazemos dela. Temos um equilíbrio cognitivo quando somos capazes de assimilar o mundo das experiências de forma correta, sem omissões, projeções ou distorções.

Quando fazemos uma interpretação de algo, e não uma observação dos fatos, baseamos nossa conclusão em nosso próprio repertório. Isso significa que 90% dos nossos sofrimentos acontecem por causa das nossas interpretações. Por isso, Marshall ensina que o primeiro passo para uma comunicação não violenta é aprendermos a simplesmente observar a realidade, sem atribuir qualquer tipo de julgamento a ela.

Gosto muito de uma fala de Tom Andersen, precursor dos processos reflexivos, que estudei em minha formação de Mediação Transformativa Reflexiva:

> O que descrevo é aquilo em que presto atenção e no que me concentro. A vida é tão rica e plena que é impossível prestarmos atenção e nos concentrarmos em tudo ao mesmo tempo.
> Querendo ou não, devo selecionar o que focalizar momento a momento. Minhas descrições e entendimentos são formados em linguagem. E só posso construí-los a partir do meu repertório.
> Portanto, só posso prestar atenção e me concentrar naquilo para o qual eu tiver uma linguagem para descrever e compreender.

Vamos a um exemplo para ficar mais claro, veja as duas frases a seguir relacionadas a um mesmo fato.

PARTE 5

Fato

"Imagine-se em um parque e passe ao lado uma mulher correndo"; pedimos então que a pessoa descreva o que vê:

1. Vejo uma mulher se exercitando para tentar emagrecer, ela é bonita e tem um corpo legal.
2. Vejo uma mulher correndo, ela está de fones de ouvido e usa uma blusa azul e um *short* branco.

Consegue perceber a diferença entre as duas respostas?

Na primeira vemos uma carga valorativa sendo atribuída à realidade por meio do julgamento de quem a viu. Por outro lado, na segunda frase, temos apenas fatos que derivam de uma observação da realidade. Não sabemos se a mulher está tentando emagrecer mesmo e o fato dela ser bonita ou ter um corpo legal é uma opinião pessoal. Agora, descrever a cor da roupa que ela está usando é diferente, não há carga de valor dizendo "usa uma blusa azul linda", apenas relatando o observado "a blusa é azul".

Nossa primeira conclusão a respeito de uma comunicação não violenta, que nos levará a sermos empáticos e pedirmos por empatia, é que ela se baseia em fatos e não em rótulos.

Todos os nossos conteúdos aqui visam melhorar a vida de quem está lendo por completo. Todavia, não podemos esquecer que o enfoque do livro é acrescentar no desempenho dos profissionais jurídicos, que são tão importantes para nossa vida em sociedade.

Sendo assim, vale a observação de que fatos trazem sempre mais credibilidade para um argumento. O pulo do gato na ciência da observação está em mudar o seu foco: passe a enxergar a realidade com olhos de observador, capaz de absorver, naquele momento, apenas os fatos que está realmente vendo.

Podemos aprimorar nossa capacidade de apreender a realidade tal como ela é de fato se treinarmos nosso enfoque atencional, cultivarmos todos os dias, pelo menos alguns minutos, um silêncio interno e buscarmos por um equilíbrio por completo (físico, emocional e espiritual).

A partir do momento em que somos tomados por um fluxo descontrolado de pensamentos aleatórios, nossa tendência é levar a sério o que quer que estejamos pensando, mesmo que isso não exista de fato. Esses pensamentos estão "nos" pensando, e não nós a eles. A partir desse cenário é que podemos ter uma apreensão equivocada, uma projeção errônea ou até mesmo uma omissão da realidade.

O desequilíbrio cognitivo, em específico a hiperatividade cognitiva, trata-se do momento em que estamos atentos a uma pessoa ou situação, ou mesmo à nossa própria mente, com tantos pressupostos, tantas projeções, interpretações sobre interpretações, que nós mal podemos ver o que está acontecendo, pois estamos interpretando excessivamente. Estamos ouvindo coisas que não foram ditas e vendo coisas que não surgiram.

Devemos também nos atentar ao conceito de *déficit* cognitivo, o qual trata-se de um recolhimento pessoal em que nos desengajamos da realidade, não estamos atentos, não estamos presentes. Por isso, sempre digo que o sucesso mora no equilíbrio.

Um último exemplo para esse assunto seria o seguinte:

- **E-mail recebido:** "VAMOS CONVERSAR HOJE NO FIM DO DIA. REVISE A APRESENTAÇÃO. Att., Paulo".

- **Interpretação:** "Nossa! ele é um grosso, olha esse *e-mail* gritando"; "Certeza que fiz algo errado, ele está bravo" (pelo fato de estar em CAPS LOCK); "Ele odiou minha apresentação".

- **Observação:** "Ele quer conversar comigo hoje no fim do dia e pediu para que eu revise a apresentação".

Percebem a diferença?

Não soframos por antecedência, lembre-se da frase do Mark Twain: a maioria de suas preocupações não acontecerá.

Seguindo os ensinamentos do DCEE, agindo de acordo com seus valores, focando na pessoa em que você quer ser, na vida em que quer criar, em ações éticas, menor ainda serão as chances de acontecer.

Analisemos, então, esse mesmo conceito, mas do ponto de vista auditivo agora. Quando você está ouvindo alguém contar alguma coisa, alguma história, um caso, uma lembrança, o que for.

A primeira etapa para iniciarmos uma comunicação não violenta com a pessoa que está falando é fazermos a mesma coisa: observar. Não cabe a nós julgarmos o que está sendo dito, naquele momento iremos apenas ouvir e constatar fatos.

Para que façamos isso com eficácia, é essencial que desenvolvamos uma escuta ativa. Esta significa trazer seu ser por completo para aquele momento e ouvir a mensagem transmitida com todos os seus canais corporais de recebimento de informação.

A escuta empática é feita por uma escuta ativa, atenta, aquela em que ouvimos a mensagem com curiosidade, observando os fatos narrados, sem nenhum tipo de interrupção nem julgamento.

Não se trata de uma escuta empática quando você nem terminou de ouvir a mensagem do outro e já o interrompe dando conselhos, ensinamentos e/ou soluções.

Calma, antes realmente escute! Então, só depois, é que você está aconselhado a perguntar se a pessoa quer sua ajuda. Muitas vezes, o indivíduo te procura apenas para desabafar, não está interessado que você apresente nenhuma solução, por maior que seja sua boa vontade. Deixe que a pessoa te peça, ou, depois de ouvir tudo, pergunte se ela quer sua opinião a respeito da mensagem.

ATENÇÃO! Você está fazendo uma pergunta em que a resposta pode ser "sim", como pode também ser "não". Conforme-se com a possibilidade da pessoa não querer ouvir seu posicionamento quanto à história dela, não tome como ofensa. Você perguntou, lembra?

Outra coisa que também não é escuta empática trata-se da competição no discurso. Suponhamos que alguém chega para você dividindo um problema pessoal, um sofrimento ou uma preocupação. Esse seria o seu momento de treinar sua escuta ativa e empática. No entanto, você responde a esse indivíduo com uma comparação, querendo mostrar que outras pessoas, ou até mesmo você, têm problemas maiores que o dele. Esse tipo de fala carrega certa desqualificação do problema do outro, sem contar que engloba julgamento seu.

Seu espaço de fala nessa situação não serve para dar sua opinião sobre quem sofre mais, quem pena mais ou quem é mais coitado. Não se trata de uma competição, e raras vezes você alivia o sentimento ruim que está na pessoa que te procurou por ajuda. Na verdade, é bem comum que aumente a carga de sofrimento no relator com esse tipo de resposta, pois, além do problema inicial, agora o indivíduo também irá carregar possivelmente uma culpa por estar sofrendo por coisas "menos importantes".

Cada um sabe de si. Acolha a todos! Nem tudo é sobre o que você acha.

Vejamos mais um exemplo do que não é escuta empática: excesso de consolo. Quando alguém o procura para dividir algo que está incomodando, o mais aconselhado a ser feito, para que mantenhamos uma postura empática, é ouvir com neutralidade, atenção e curiosidade ao que a pessoa tem a dizer.

É comum do ser humano muitas vezes aflorar um lado maternal distorcido e querer "cuidar" de quem sofre, mas as pessoas podem se incomodar com a pena que você transparece nesses momentos.

Antes de consolar, escute, use as ferramentas da empatia que serão divididas em seguida. Caso seja o momento, a situação própria e a vontade de quem te procurou, aí então caberia um consolo de sua parte. Mas claro! Sempre com equilíbrio.

O último exemplo que teremos aqui do que não é empatia diz respeito ao ato de encerrar o assunto que fez com que a pessoa te procurasse. Vamos entender: imagine que seu colega de trabalho esteja precisando do seu apoio e, por isso, te procure para conversar sobre um caso dele. Você, como um bom amigo e um bom profissional jurídico, pessoa que deveria ser qualificada em saber ouvir e ser empática, começa então a escutar ativamente o que seu amigo tem a dizer.

Sem que ele tenha chegado nem ao meio da fala, você já percebe que ele vai falar daquele caso que é assunto da semana toda e, em seu modo de ver, está repetitivo e chato. Por isso, logo diz algo como: "Ah não, de novo não! Bola pra frente, esquece isso, vamos mudar de assunto", cortando, assim, o desabafo do amigo que te procurou.

Esse tipo de resposta demonstra visivelmente que você não quer escutar o que ele tem para dizer. Acontece que escutar é a principal base para que possamos oferecer empatia.

A isso, já adiciono uma ressalva muito importante a ser feita. Nenhum dos exemplos apresentados, a respeito do que não é empatia, estão sendo taxados como formas erradas de reagir. Nada disso foi dito! Esses exemplos demonstram casos em que não está sendo exercido o conceito da palavra empatia. Isso não quer dizer que está certo ou errado, apenas não é empático. Somos livres para respondermos a tudo e a todos da forma como acharmos correta.

Vamos, pois, para algumas ferramentas que podem ser usadas durante a escuta ativa de um discurso de terceiro para que sejamos empáticos naquele momento.

Como vimos, o primeiro passo para uma comunicação não violenta é a observação dos fatos. Juntando isso ao conceito da escuta livre de julgamento que pede um ato empático, vejamos algumas coisas que podem te auxiliar.

Duas ferramentas úteis para o momento de escuta, que te ajudam a manter o foco e a atenção, além de demonstrar curiosidade e interesse na fala do outro, são: resumir brevemente o que você entendeu da história contada, relatando apenas a sua observação dos fatos, como aprendemos, evitando ao máximo juízos de valores.

Dessa forma, a pessoa, que sabe o que quis dizer, mas nunca saberá ao certo o que o outro entendeu, poderá aparar alguma lacuna de sua compreensão. Por isso, fazendo simples resumos você dirá para o indivíduo o que entendeu do que ele disse, abrindo espaço para que ele repita algo que não foi absorvido por você da forma como ele queria.

Exemplo:
"Maria brigou com João e foi desabafar com sua amiga Carla".

— *Ai, Carla, o João é um egoísta, eu faço tudo por ele para ser tratada como um lixo* (chorando). *Dei o presente que comprei de aniversário para ele e ele nem sequer provou na minha frente, acredita? Falou muito obrigado e continuou jogando videogame.*

— *Maria, deixa eu ver se entendi. Você está chorando, pois quando deu o presente de aniversário do João a ele, você esperava que ele o provasse na sua frente. Todavia, ele agradeceu e continuou jogando. É isso?*

A fala de Carla apenas constatou os fatos narrados por Maria, ela não adicionou nenhum julgamento como: "sempre te disse que o João não presta" ou "Carla, mas você sabe que é muito dramática, né?". Dessa maneira, Carla é capaz de acompanhar a fala de Maria, entender o que a amiga quer realmente dizer e, então, se for o caso, ajudá-la. Ao mesmo tempo, Maria se sente ouvida e acolhida, pois percebeu que a amiga está ali a escutando mesmo.

Além do resumo, parafrasear a pessoa que está falando também ajuda a manter ambas as partes na mesma página, isto é, quem escuta está garantindo que realmente entendeu o que quem está falando quis dizer. Seria uma forma de esclarecer o que foi entendido. Mais uma vez, digo que tudo em excesso se torna inconveniente. Por isso, equilíbrio! Use as ferramentas quando sentir realmente necessidade.

Exemplo:

"José pede um conselho para Afonso, seu colega de trabalho."

— Afonso, poderia me ajudar com uma coisinha, por favor?

— Claro, José.

— Bem, hoje cedo não deu tempo de tomar café da manhã, acordei em cima da hora. Quando isso acontece, eu sempre acabo esquecendo de fazer alguma coisa importante e foi o que aconteceu: deixei a planilha de preços em casa. Como explico para nosso chefe isso?

— Então, vamos ver se eu entendi: você está dizendo que, quando está em jejum, acaba ficando mais distraído do que o normal?

Afonso parafraseou a fala inicial de José para assegurar que o seu entendimento estava de acordo com o que José realmente quis dizer. Nesse caso, José teria duas opções de respostas: 1) "Sim, Afonso. É isso mesmo"; 2) "Não, Afonso. O que quis dizer é que, por conta do meu atraso, me embaralhei todo e não consegui nem tomar café nem pegar a planilha".

No exemplo, Afonso pode ajudar seu amigo da melhor maneira se entender exatamente o que ele diz, assim como José também terá sua necessidade atendida da melhor forma pelo amigo.

Sentimento por trás

Nessa etapa, a coisa começa a ficar cada vez mais interessante em minha opinião.

Marshall Rosenberg, após nos ensinar que o primeiro passo para instituirmos uma comunicação empática com alguém é saber observar os fatos,

PARTE 5

constatando simplesmente o que vemos, sem atribuir nenhum tipo de juízo de valor, segue, então, para o segundo elemento dessa comunicação.

Tendo isso esclarecido e, portanto, os fatos de uma determinada realidade já observados, o próximo passo é dizer como aquela observação te fez sentir, o que ela despertou em você.

Para fazermos isso com assertividade, temos que nos conhecer e saber dar o devido nome a cada emoção e sentimento.

O fato de dizer seu próprio sentimento e falar de si caracteriza uma espécie de não violência na fala, uma vez que a postura adotada não foi a de apontar o dedo ao outro e acusá-lo de ser algo. Quando trazemos a atenção e o enfoque para o que estamos sentindo frente a determinada observação, a mensagem chega ao receptor de forma muito mais gentil e clara.

Imagine o seguinte cenário: Julia (mãe) e Pedro (filho de 19 anos) dividem um mesmo carro e combinam de deixar a chave sempre na porta de casa, apoiada em uma mesinha, em vez de levar para os respectivos quartos.

Passaram-se duas semanas e Pedro apenas arcou com o combinado que fez com sua mãe um único dia. Nos outros dias, quando precisava usar o carro, Julia nunca encontrava a chave na mesinha da porta, e sempre precisava ir até o quarto de Pedro procurá-la.

Incomodada com essa situação, Julia resolveu conversar com Pedro.

Vamos analisar duas possíveis falas de Julia nessa situação:

1. "Pedro, você é irresponsável, desrespeitoso e folgado. Você acha que eu sou o quê? Por que apenas eu tenho que cumprir com o combinado e você não? Baixe a sua bola e comece a prestar atenção nas coisas com as quais você se compromete, senão vou tirar o carro de você".

DIREITO COMPLEMENTAR ENERGÉTICO-EMOCIONAL

2. Pedro, tenho observado que você não está cumprindo com a sua parte do nosso combinado. Sempre que chego à porta de casa e procuro pela chave do carro, ela nunca está lá, mas sim jogada pelo seu quarto. Essa situação me deixa muito triste e desapontada.

A primeira fala caracteriza uma postura julgadora e um discurso violento por parte de Julia. Por outro lado, a segunda segue as ferramentas aqui transcritas e representa um discurso empático, que será muito mais ouvido e mais bem recebido por Pedro do que o primeiro.

Quando abordamos alguém com uma postura de acusação e ameaça, o cérebro daquela pessoa pode entender que aquilo representa uma situação de perigo para sua vida. Dessa maneira, a primeira região do cérebro do abordado a reagir será sua amígdala cerebral, responsável por induzir o corpo humano a um estado de luta e fuga. Diante desse cenário, o organismo da pessoa começará a se preparar para defender-se daquele suposto perigo que se acercou.

Com a amígdala no comando, o córtex frontal do nosso cérebro reduzirá cada vez mais suas atividades, pois toda a energia do corpo está agora focada em obedecer aos comandos inconscientes de luta e fuga. Com o córtex frontal em *stand by*, a capacidade de ponderação e raciocínio lógico diminui significativamente, dando espaço para que haja apenas reações que lutem por sua sobrevivência naquele momento.

Quando iniciamos o nosso discurso trazendo a informação de que determinado fato observado gerou certo sentimento em nós, não impomos nenhum rótulo ou juízo de valor ao outro, o que faz com que seu sistema de defesa cerebral não seja necessariamente ativado, evitando que a situação tenha péssimos resultados.

PARTE 5

Em vez de iniciarmos uma conversação com "eu sinto que você..."; "eu acho você...", optemos por nos acostumar com proposições do tipo "eu me sinto de determinada forma quando vejo tal coisa".

Ponto muito importante de ser trazido nesse momento é a realidade de que todo ser humano é vulnerável. Todos nós temos vulnerabilidades. TODOS!

Ser vulnerável não significa de maneira alguma ser fraco. Fraqueza e vulnerabilidade são termos diferentes. Como bem explica Brené Brown, a virtude da coragem só existe naqueles que aceitam, acolhem e enfrentam suas vulnerabilidades. Cheguei a tocar brevemente nesse assunto na carta de introdução deste livro, recorda?

Uma pessoa corajosa não é aquela que, sem medo de tal coisa, vai lá e faz essa tal coisa considerada "radical" em algum nível. Por exemplo, Mateus não tem medo de cobras. No passeio da escola ao zoológico havia uma atração especial naquele dia para que as pessoas pegassem no colo uma cobra e tirassem uma foto. Mateus foi lá e segurou a cobra. A partir desse dia, Mateus ficou conhecido como um menino corajoso.

O uso do termo "corajoso" para esse caso está equivocado, Matheus não precisou vencer nenhuma vulnerabilidade sua para segurar aquela cobra no colo, pois ele não tem medo algum daquilo.

Agora vejamos a Laura que, desde pequena, apresenta pânico de altura, sempre ficando mal perto de alguma janela, sacada ou parede de vidro de piso alto. Um belo dia, então, em outro passeio da escola, a turma de Laura e Mateus vai a um Parque de Diversões comemorar o fim do ano letivo. Chegando ao parque, Laura se depara com altas montanhas-russas e aquilo já embrulha seu estômago.

Laura entende que possui essa vulnerabilidade, aceita e acolhe sua característica. No entanto, Laura acredita que é capaz de ir nas montanhas-russas, mesmo tendo medo de altura. Então, segura de sua decisão, mas morrendo de medo da altura, Laura vai em todos os brinquedos do parque. Laura sim é corajosa!

Marshall reitera a importância de se permitir ser vulnerável quando estiver diante de um conflito. Dizer o que sente não é sinal de fraqueza, é acolhimento pessoal. Quando você diz com sinceridade o que está latente dentro de si, em vez de logo atribuir um julgamento a alguém, com a finalidade de culpar o outro, percebe a satisfação do que é agir com coragem.

Essa ferramenta deve ser também utilizada quando estamos diante de um discurso alheio. Retomando o conceito que vimos na etapa da observação, quando estudamos sob a perspectiva auditiva, aprendemos o que é uma escuta empática.

Quando usamos nossa habilidade de escuta ativa frente à fala de alguém, apenas registrando fatos, sem atribuir nenhuma carga valorativa, podemos detectar qual seria o possível sentimento que aquele narrador está em contato naquele momento. O objetivo de identificarmos o que o outro pode estar sentindo não é para que joguemos na cara dele, mas sim para que possamos ponderar nossas próximas atitudes e falas.

Percebendo que a pessoa está com muita raiva ou muito preocupada em certo momento, quando cabível, podemos deixar para conversar com ela outra hora, por exemplo. Nós não saberemos se ao certo ela está sentindo aquilo que detectamos, mas nossa conclusão serve para trazer uma postura mais compassiva para nosso comportamento.

Observação importante: ninguém é responsável pelos sentimentos de ninguém. O que os outros fazem serve como estímulo para que sintamos determinadas emoções e sentimentos, mas não é a causa deles.

PARTE 5

A real causa de uma emoção ou sentimento vai ser explicada a seguir, quando falarmos das necessidades.

Por isso, nós não temos a função de nos preocuparmos exaustivamente com os sentimentos de todos ao redor. Seria em vão um esforço constante para manter todos felizes a todo momento. Essa cobrança não deve ser alimentada. O mesmo funciona para as situações em que queremos culpar o outro por um sentimento que é nosso. Ele não é causa, ele foi gatilho.

Necessidade

Chegamos então na minha parte favorita!

Agora sim falaremos a respeito de uma causa para o que estamos sentindo. Vimos que a primeira etapa nos ensina a apenas observar os fatos e relatá-los sem juízo de valor. Em seguida, devemos buscar uma classificação para aquele sentimento ou emoção que está à tona em nós, após aquela observação.

Pois bem, a observação de determinada realidade despertou um sentimento, até agora só temos estímulos. Queremos, então, entender qual é a causa desse sentimento, o que o gerou?

Marshall explica que as raízes de nossos sentimentos estão nas nossas necessidades. Quando uma necessidade é atendida, temos um sentimento agradável, uma emoção boa. No entanto, quando temos uma necessidade que não foi atendida, teremos a experiência de espécies diferentes de sentimentos e emoções.

Com exemplo talvez fique mais claro:

Denise e Junior são casados. Após um dia normal de trabalho, durante o jantar, Denise aborda o marido da seguinte forma:

DIREITO COMPLEMENTAR ENERGÉTICO-EMOCIONAL

— Junior, precisamos conversar. Você não dá valor para mim, não sai desse celular nem para comer e nunca me pergunta nada!

Analisando essa fala com as ferramentas que já temos, poderíamos dizer que Denise teria uma abordagem não violenta se fizesse da seguinte forma:

— Junior, faz um tempo que observo você muito ocupado, mexendo bastante no celular e quase não sobra tempo para conversarmos. Eu me sinto muito triste, solitária e insuficiente com essa situação, como se eu não fosse uma boa companhia.

A partir dessa fala de Denise, na qual podemos ver bem demarcadas cada uma das fases, você conseguiria dizer qual é a necessidade que existe por trás do sentimento dessa mulher?

Ela está se sentindo triste, sozinha e insuficiente devido à realidade observada. Eu diria que a necessidade de Denise reside em ser ouvida, ser notada e ter um parceiro que se interesse por sua vida. Além de ter mais vezes a presença do marido por completo a seu lado. Faz sentido para você?

Por trás de todo sentimento, há uma necessidade.

O objetivo de trazermos nossa atenção para as nossas necessidades faz com que não nos confundamos mais pensando no que há de errado com os outros, sendo que é algo próprio que não foi atendido.

O que caberia à Denise fazer agora seria expressar suas necessidades não atendidas a Junior. Se não reconhecermos e valorizarmos as nossas necessidades, o outro também não irá. Sem contar que não há como Junior adivinhar que todas essas necessidades de Denise não estão sendo atendidas, por isso é ideal uma boa conversa.

Falar sobre nossas necessidades transforma o discurso em algo empático e compassivo, essa energia automaticamente atinge o outro polo da conversa também, pois todos nós humanos temos necessidades. Existem aquelas que são comuns entre nós, necessidades básicas, e outras que surgem casuisticamente. Todavia, fato é que todos nós as temos e elas são legítimas.

Muitas vezes não será possível termos nossas necessidades atendidas imediatamente, mas reconhecê-las e expressá-las já faz com que se inicie todo um movimento energético dentro de si, o que aliviará o desconforto emocional que provavelmente sinta naquele momento. Além de servir como um facilitador de uma esfera de solução para sua questão, auxiliando na busca por estratégias para satisfazê-la.

Marshall explica que, ao expressar uma necessidade, aumentamos ainda mais as chances de ela ser atendida. Isso também se aperfeiçoa pela prática de uma análise pessoal, honesta e constante.

Da mesma forma que deve investigar qual é a necessidade por trás daquele sentimento que está em você, também podemos aprimorar esse mesmo olhar para os outros.

Por meio do discurso de alguém, seremos capazes de detectar qual é a necessidade escondida naquele sentimento que a pessoa fez transparecer no momento.

Reconhecendo a necessidade daquele indivíduo que veio te procurar, será mais fácil conseguir ajudá-lo, se for o caso, e acolhê-lo de forma empática. Lembre-se: isso não é um jogo de divinação. Havendo oportunidade, induza a pessoa a pensar nas suas reais necessidades naquele momento. Pode ser que você esteja certo quanto ao que tinha imaginado anteriormente, como pode ser que erre.

Para finalizar, reescrevamos a fala de Denise de maneira completa agora:

— Junior, quando estamos jantando e você não sai do celular (**observação**) *eu fico extremamente triste e solitária, me dá a impressão de ser insuficiente* (**sentimento**). *Isso porque gostaria que você me ouvisse, se interessasse pelo meu dia e estivesse realmente presente em minha companhia* (**necessidade**).

Tudo bem até aqui?

Perceba que até agora ela simplesmente relatou o que estava se passando dentro dela.

Pedido

Esse é o momento final, o último elemento que compõe uma forma empática de se comunicar, na visão do psicólogo Marshall Rosenberg.

É aqui, e somente aqui, que você fará um pedido para o destinatário de sua mensagem, a fim de suprir a sua necessidade daquele momento.

Existe uma lógica para o pedido ser a última coisa da fala: após dizer o que sente e do que precisa, o pedido tem menos chances de soar como exigência. Aconselha-se o uso de uma linguagem positiva nesse momento, que a pessoa consiga captar e entender com clareza, evitando falas ambíguas ou abstratas.

Como diz minha mãe: "é melhor dar uma boa avermelhada do que ficar amarelando". Entenda essa ideia do pedido assim, seja direto e objetivo,

PARTE 5

diga com exatidão qual ação concreta você gostaria de ter daquela pessoa, dê logo essa boa avermelhada (com educação, é claro!). Não espere que o outro entenda suas necessidades sozinho, não é momento para "dicas".

A pessoa que receberá o seu pedido também tem o direito de fazer o dela, caso entenda necessário. A lógica presente no funcionamento do verbo pedir é simples quanto ao resultado: poderá ser positivo, a pessoa topando sua proposta; ou negativo, de acordo com os motivos dela não seria viável aquela sugestão.

Como disse, pode ser que o receptor de sua mensagem também te devolva um pedido, o raciocínio a ser seguido aqui é o de negociação, em que cheguem em um meio termo, que seja bom para todos.

Para identificar se você realmente está fazendo um pedido, e não uma exigência, basta fazer uma simples investigação interna: se a resposta da pessoa for "não", você saberia lidar tranquilamente com essa escolha dela?

Se sim, ótimo, temos um pedido. Se não, sinto dizer, mas acaba de fazer uma exigência, da qual você impõe de certa forma que seja realizada. Não temos espaço para exigências em um discurso não violento, o livre-arbítrio de cada um é quem vai ser o guia. O segredo da conquista aqui mora na gentileza!

Como diz a autora Jane Nelsen: "exigências são um convite à revolta e à disputa de poder".

No mais, quando abordamos alguém e não sabemos o que queremos de fato, nossa fala passa a ser apenas um desabafo. Por isso, o momento do pedido requer consciência e clareza, que começam em você, entendendo o que quer; e terminam na maneira como você apresenta ao outro essa vontade.

173

O ideal é que busquemos dentro de nós qual é nosso maior objetivo com aquele pedido: estamos pensando no bem geral do relacionamento ou apenas tentando mudar o outro?

Vejamos então uma fala não violenta composta pelas 4 etapas:

— Marta, quando você grita comigo na frente dos meus amigos (**observação**)*, eu fico muito irritado, me sinto diminuído e envergonhado* (**sentimento**)*, pois eu preciso me sentir respeitado e quero manter uma boa imagem frente aos meus colegas, para que eles não achem que podem me humilhar* (**necessidade**)*. Você poderia me chamar para uma conversa em particular quando ficar irritada comigo?* (**pedido**).

Segue uma colinha para que possamos praticar:

- Quando (**observação**).
- Eu sinto (**sentimento**).
- Porque para mim é importante que (**necessidade**).
- Será que seria possível/você poderia (**pedido**).

Conclusão

Assim como qualquer outra coisa que decidamos aprender, a técnica da comunicação não violenta se aperfeiçoa por meio da prática. É normal que no início fique algo pensado e sistemático. Conforme for habituando-se, a maneira empática de falar começa a fluir naturalmente.

Os resultados são visíveis e imediatos. Vale a pena o esforço!

PARTE 5

Paul Ekman descreve muito bem o que buscamos durante todo este livro: aprender a melhor forma de lidar com a própria vida.

> "Na verdade, as pessoas querem ser felizes, e a maioria não quer sentir medo, raiva, tristeza. Mas não poderíamos viver sem as emoções, a questão é como lidar com elas."

Bem, já entendemos essa coisa toda de comunicação não-violenta, escuta ativa, equilíbrio cognitivo e o que não é empatia. Mas a pergunta que não quer calar: então, o que é empatia?

Eu sou daquelas que deixa o melhor para o final.

Vou transcrever o monólogo de um vídeo em que Brené Brown diferencia a palavra "empatia" do termo "simpatia", de acordo com seus estudos e pesquisas:

> Então, o que é empatia e por que ela é TÃO diferente de simpatia?
>
> Empatia alimenta conexão. Simpatia leva à desconexão. É muito interessante.
>
> Theresa Wiseman é uma especialista em enfermagem que estudou diversas profissões nas quais a empatia é importante, e destacou quatro características da empatia.
>
> Tomada de perspectiva: habilidade de ver sob a perspectiva de outra pessoa ou reconhecer a perspectiva dela como sua verdade.
>
> Não fazer julgamentos: não é fácil quando você gosta disso tanto quanto a maioria de nós gosta.
>
> Reconhecer emoções em outras pessoas, e então comunicar isso.
>
> Empatia é sentir COM as pessoas.
>
> Eu sempre penso a empatia como um tipo de lugar sagrado.

Quando alguém está num buraco fundo e ele diz de lá de baixo: "estou preso, está escuro, estou sobrecarregado"... e nós olhamos e dizemos "Ei!", e descemos.

Simpatia é... "Uuu!" "É ruim, né?"; "Hm.. Não. Você quer um sanduíche?"

Empatia é uma escolha, uma escolha vulnerável.

Porque para me conectar com você, eu preciso me conectar com algo em mim mesmo que reconhece esse sentimento.

Raramente uma resposta empática começa com "Pelo menos..."

Sim. E nós fazemos isso o tempo todo, sabe?

Porque alguém compartilhou com a gente algo que é incrivelmente doloroso e nós estamos tentando "ver o lado bom" disso.

Não sei se tem um verbo pra isso, mas estou usando como se fosse.

Estamos tentando ver o lado bom disso.

Então, "Eu tive um aborto espontâneo."

"Pelo menos você sabe que pode engravidar."

"Acho que meu casamento está acabando."

"Pelo menos você tem um casamento."

"John será expulso da escola."

"Pelo menos a Sarah é uma aluna nota 10."

É uma das coisas que a gente faz diante de conversas muito difíceis, é que nós tentamos deixar as coisas melhores.

Se eu compartilho alguma coisa com você e é muito difícil, eu prefiro que você diga: "Eu nem sei o que dizer, mas estou muito agradecido por você ter me contado."

Porque a verdade é que raramente uma resposta pode mudar a situação para melhor.

O que muda a situação pra melhor é conexão.

Aproveite a sua capacidade humana de se conectar! Consigo mesmo, com os outros e com o mundo.

Não é uma habilidade racional, não importa o quanto você relute em aceitar essa informação. Apenas dando espaço para que a inteligência sensitiva se apresente é que estaremos aptos a conhecer uma verdadeira conexão.

9. FASE ULTRA

Chegamos à última etapa do nosso "Caminho de Relações".

Iniciaremos a lição com a seguinte mensagem deixada pelo psicólogo Carl G. Jung:

"Conheça todas as teorias, domine todas as técnicas, mas ao tocar uma alma humana, seja apenas outra alma humana".

Isso se aplica basicamente a tudo, mas se encaixa com maestria na visão de um profissional jurídico defendida aqui. Indivíduo capacitado para manejar a ciência do Direito, conceito-teia que sustenta a base organizacional de convívio de uma sociedade.

A formação acadêmica desse grupo de pessoas garante que os alunos tenham contato com diversas técnicas e teorias sobre o assunto. Assim como devemos considerar que o valor conservador que esse serviço possui também faz com que seus operadores se especializem ainda mais em cada uma das áreas escolhidas para aprofundamento.

Esses fatos nos levam à conclusão de que a primeira parte da frase de Jung está, na maioria das vezes, bem observada pelo público-alvo aqui trabalhado. No entanto, apesar do objeto da profissão jurídica ser

DIREITO COMPLEMENTAR ENERGÉTICO-EMOCIONAL

"pessoas", é muito pouco explorado (para não dizer nada explorado) a real essência do que essa palavra significa.

Digamos que o saber sobre esse elemento basilar da ciência jurídica, o qual se enquadra na espécie humana, é negligenciado de ambos os lados da relação: tanto da pessoa do profissional para o mundo quanto do mundo para o profissional.

A busca por status e poder preencheu grande parte das funções que compõem o Direito, distorcendo o objetivo central dessa ciência. Uma intensidade fordista das ações jurídicas fez com que o ser humano passasse a ser visto como um número e os processos como uma espécie de produto a gerar lucro.

Longe de mim querer generalizar tais afirmações a todas as atividades que fazem parte desse grupo, mas entendo que a visão do "outro" dentro do universo jurídico está cada vez mais despersonalizada e, de certa forma, residual.

A falta de atenção com o bem-estar humano, principalmente dentro do mercado de trabalho, já está surtindo efeitos preocupantes. Pesquisas de diversas fontes de saúde já sinalizam marcas altíssimas de indivíduos com doenças como ansiedade, depressão, síndrome de *burnout*, acúmulo de estresse e dores relacionadas, insônia, entre diversas outras atreladas à intensa e prejudicial relação com o trabalho.

Dike Drummond, em seu Modelo de um quadro de *burnout*, registrado em *Physician Burnout: Its Origin, Symptomsand Five Main Couses*, adota a seguinte ordem dos principais elementos que servem de base para essa síndrome de exaustão: inicia-se pelo esgotamento físico e mental, devido ao excessivo esforço diário e a quantidade de horas trabalhadas; o que leva o profissional a uma percepção de falta de eficácia

PARTE 5

em seu desempenho, fato que reflete diretamente em seus resultados, gerando frustração; este quadro, por sua vez, leva a situação ao próximo estágio: a despersonalização. Momento em que o profissional já não respeita nem honra mais a identidade humana de cada um que cruza seu trajeto profissional.

Tobias Esch, em 2002, trouxe a seguinte conceituação para o termo 'estresse': "evento ou estímulo que altera a homeostase existente. Representa um desafio que força o organismo biológico a se adaptar e permanecer saudável (sobreviver)".

O eixo do estresse no corpo humano é conhecido como eixo hipotálamo-hipófise-adrenal e seus resultados alcançam inúmeras partes do organismo. Uma dessas partes trata-se da glândula suprarrenal, responsável pela produção do hormônio cortisol. Ao ser afetada pelo estresse, a produção de cortisol aumenta, elevando a taxa do hormônio para níveis não recomendados à saúde.

O excesso de cortisol no organismo resulta em uma diversificada lista de efeitos, como insônia, irritabilidade, perda de massa muscular, aumento da gordura corporal e inibição do sistema imune. As taxas elevadas cronicamente de cortisol são associadas a muitas doenças, tais como câncer, doenças cardíacas, acidente vascular, hipertensão arterial, resistência à insulina, obesidade, distúrbios da memória, senilidade e Alzheimer.

Percebe o *looping* inevitável em direção a uma péssima condição de saúde?

O professor Alan Wallace costuma dizer que o estado "normal" da nossa mente é o de distúrbio obsessivo, compulsivo e delusório. Obsessivo porque implica um fluxo involuntário e constante de pensamentos. Compulsivo, pois de forma involuntária funde nossa consciência com os nossos pensamentos, que são coisas diferentes. Caso em que nos identificamos com nossos pensamentos, uma fusão cognitiva. Por fim, delusório, uma vez que tendemos a crer que o que pensamos é verdade absoluta (toda a verdade e nada mais que a verdade).

Enfrentamos desafios de bem-estar cada vez mais intensos e enraizados, uma reeducação de conexão humana é necessária. As prioridades atuais retratam um cenário doente, com sintomas de exaustão física e mental, alto grau de comparação gerado por um individualismo agravado, crescente disparidade econômica, fortes investimentos ao fanatismo materialista e instaurado sob uma cultura de competição.

Esse diagnóstico cumpre o perfeito oposto do conceito de qualidade de vida. Trata-se de uma movimentação cíclica, em que nunca teremos um final que seja suficientemente bom para representar a felicidade. Os sintomas da doença que acomete nossa sociedade oferecem um trajeto ilusório e involutivo, que paira na máxima de "quanto mais eu tenho, mais eu quero".

Já cruzou com um pensamento em seu corpo mental, ou que seja na fala de terceiro, do tipo "serei feliz e realizado quando trocar meu carro pelo modelo mais novo do mercado"; ou "estarei completa quando comprar uma casa na praia"; ou "serei muito mais feliz quando conquistar o cargo mais alto da empresa"?

Aposto que sim. E quando esses desejos materiais são alcançados, o que costuma acontecer? Nos deparamos com novos desejos materiais, prontos para condicionar, mais uma vez, a nossa felicidade.

De maneira alguma isso é um discurso condenatório a bens e sonhos materiais. Eles são tão importantes e necessários como qualquer outro, e não corroboro com a crença classificatória de que ter um desejo material faz uma pessoa pior. Em hipótese alguma!

PARTE 5

Uma coisa é termos nossas necessidades atendidas e nossas vontades supridas pelo resultado de um trabalho honesto. É indetectável algum mal obsessivo atrelado a esse propósito. Outra coisa bem diferente é a inconsciência dessa corrente circular do vício material, que nos escraviza em uma busca infindável por algo que nem seríamos capazes de nomear.

Esse discurso procura apresentar, então, o primeiro assunto que estudaremos dentro da 'categoria sistêmica de relação' (Fase Ultra): o que é felicidade?

A) Felicidade

"O que mais profundamente nos move na vida é algo que não somos capazes de evitar ou decidir não fazer – cuidar. Nós não desejamos sofrer."
(Dalai Lama, em um encontro do Mind and Life Institute)

A principal semelhança entre todos os seres humanos é, indubitavelmente, a busca pela felicidade. Todavia, para muitos, esse processo, por incrível que pareça, é inconsciente. A razão está na rasa compreensão do termo.

As pessoas, desejando escapar do sofrimento, acabam correndo em sua direção. E desejando a felicidade, imersos na delusão, destroem as causas da felicidade como se fossem inimigos.

(Shantideva, século VIII)

Felicidade tem sido grande tópico de discussões no mundo todo. O curso mais popular da história da Universidade de Harvard, criado pelo já citado professor Dr. Tal Ben-Shahar, leva o nome de "Aprenda a ser feliz".

Gosto desse título, principalmente pelo verbo "aprender" no início. O motivo disso vem do fato de que a palavra "felicidade", assim como muitas outras palavras citadas ao longo de nosso estudo, ainda é, por vezes, encarada como algo muito abstrato e sutil para ser aprendido.

Isso não é verdade: a felicidade é uma habilidade, que, assim como qualquer outra, pode sim ser adquirida com a prática. Trata-se de um estado a ser cultivado conscientemente, um estágio vibracional que envolve diversos outros itens como autoestima, realização, empatia, criatividade, amizade, humor, amor, espiritualidade, música e assim segue.

Bem, já que se trata de um treino: como faço para ser feliz?

Vamos começar entendendo quais os "tipos" de felicidade que podemos alcançar. O primeiro deles, representado pelo Hedonismo, decorre da presença de estados emocionais positivos e da ausência de dor em sentido geral. Ambas as fontes de felicidade hedônica mencionadas dependem de resultados, por exemplo, o atendimento de nossas necessidades básicas.

Quando sentimos sede e bebemos água para saná-la, estamos diante de uma felicidade hedônica. O fato de possuir água potável para os meus momentos de sede me proporciona ausência de dor. Essa felicidade é suprida por prazeres e estados positivos. Esse tipo de experiência é importante e intrinsecamente preferível, além de também facilitar ou apoiar outras vivências humanas.

Trazendo outro exemplo, tenhamos em mente o cenário mundial pandêmico deste nosso ano de 2020. Muitos países foram obrigados a estabelecer um sistema de *lockdown*, o qual impediu os indivíduos de

PARTE 5

saírem de suas casas. Tal cenário privou a população de uma coisa que traz felicidade, traz prazer e estado positivo: o seu direito de ir e vir, de se locomover livremente. Esse fato representa uma ameaça a essa felicidade, que é hedônica.

A segunda espécie de felicidade denomina-se eudaimonia, traduzida como felicidade genuína ou florescer humano. Diz respeito a um modo de vida, ao bem-viver, à satisfação e ao senso de realização que deriva de qualidades que trazemos ao mundo.

Sua base decorre do que somos e não do que obtemos, ou seja, não depende de estímulos externos para existir, é algo cultivado dentro de nós. Possui uma fonte inesgotável, de forma que não se trata de algo que diminui conforme é mais experienciado.

A eudaimonia é o estado natural de uma mente saudável!

— Espera um minuto! Agora pouco foi dito que, de acordo com os estudos de Alan Wallace, nos dias de hoje, o estado natural da mente humana poderia ser chamado de distúrbio obsessivo, compulsivo e delusório. Então, por estar classificada dessa forma e não em estado de eudaimonia, significa que não estamos saudáveis?

Deixo essa conclusão para você!

Divido a seguir um excerto do texto de Living Well, escrito por Richard M. Ryan, Veronika Huta e Edward L. Deci:

> Por poder ser produzido de formas tão variadas, sugerimos que o foco nos resultados hedônicos não pode, por si só, levar a um bem-estar individual ou coletivo. De fato, quanto mais diretamente se deseja maximizar o prazer e evitar a dor, mais provável será que se produza uma vida desprovida de profundidade, significado

> e senso de comunidade. As prescrições baseadas na maximização do prazer estão muitas vezes associadas a becos sem saída para o bem-estar, como o egoísmo, o materialismo, a objetificação sexual e a destrutividade ecológica, demonstrando a facilidade com que um mapa derivado do pensamento hedônico pode enganar. Em contraste, a especificação da vida eudaimônica pode não apenas ser valiosa como um guia para uma vida mais completa e significativa, como pode também produzir felicidade hedônica mais estável e duradoura.

O equilíbrio é alcançado quando colocamos a Hedonia (procura por prazer excessivo) a serviço da Eudaimonia, e não quando a buscamos como se tivesse um fim em si mesma.

Seguindo a linha do texto, Dr. Tal Ben-Shahar trabalha o mesmo enfoque em sua primeira lição para ser feliz, que é: permita-se ser humano. Somos seres que sentem. Devemos sentir tudo que vier, inclusive a dor e o sofrimento, pois eles também fazem parte da vida.

Ser feliz não significa não passar mais por situações desagradáveis, isso não vai acontecer, senão a equação "ser feliz = não ser humano" seria verdadeira (e não é!). A felicidade vem exatamente para ensinar a lidar com esses eventos desagradáveis da melhor forma possível e mostrar que as coisas têm o peso que damos a elas.

O que está em pauta aqui não é se teremos ou não desafios na vida, mas sim como os encararemos.

Parece óbvio, né? Pois é, mas não é. Precisou um psicólogo ministrar um curso em uma das maiores universidades do mundo, para que as pessoas começassem a perceber que sentir pode até ser importante mesmo.

PARTE 5

Recusar a presença de um sentimento ou emoção é tóxico. Por anos, viemos construindo uma cultura obcecada pelo prazer hedônico, a qual classifica como sendo uma vida digna e ideal aquela com ausência absoluta de dor. Com isso, quando existe desconforto, já logo travamos uma batalha contra a situação, contornando qualquer tipo de sensação que teoricamente "não deveríamos sentir".

Já exploramos bastante esse assunto neste livro.

A segunda lição de Ben-Shahar explica que a felicidade está na intersecção entre o prazer e o significado. Sendo na vida profissional ou pessoal, temos que nos envolver diariamente em atividades que sejam significativas e agradáveis para nós. O professor ainda divide pesquisas que apontam que uma ou duas horas de uma experiência significativa e prazerosa podem afetar a qualidade do dia inteiro ou mesmo da semana toda.

Em seguida, o terceiro ponto trazido pelo psicólogo é que a felicidade está vinculada principalmente ao nosso estado de espírito, não ao nosso *status* ou conta bancária. Sua causa não virá de coisa externa, mas sim da maneira como a interpretamos, a partir do que levamos por dentro. Costumo associar essa terceira lição com o termo eudaimonia, que acabamos de aprender.

Como quarto item, ele defende que saibamos dizer "não" e optemos por simplificar as coisas. Com a mentalidade (ultrapassada) de que para ser feliz precisa ter sucesso e para ter sucesso precisa trabalhar até a exaustão, geralmente estamos sempre muito ocupados. A sensação é de que temos pouco dia para muita coisa a ser feita, e a conta não fecha.

O desequilíbrio decorre do fato de que a quantidade influencia na qualidade que, por sua vez, passa a ser mais baixa devido à extensa lista de afazeres. Isso, automaticamente, compromete nossa felicidade, alimentando o sentimento de frustração e entrando no modelo de Dike Drummond, que vimos anteriormente.

Por isso, saibamos que o "não" também é necessário e deve ter seu espaço respeitado. Assim como não devemos fugir de nossos sentimentos, também não devemos o fazer com as situações que pedem nossa negação. Com educação, serenidade, honestidade e empatia, podendo até valer-se da comunicação não-violenta que trabalhamos, saber dizer "não" aos outros também é sinal de autorrespeito, autocuidado e autocompaixão. Dê sempre o seu melhor, mas respeite seus limites!

Na quinta lição, Ben-Shahar relembra seus alunos de uma coisa que nós passamos um capítulo todo estudando: a conexão mente-corpo. Ele busca deixar claro que o que fazemos, ou deixamos de fazer, com nossos corpos influencia diretamente a nossa mente – já sabíamos disso, não é mesmo?

Por isso, em seu discurso, ele associa um bom funcionamento mental com o hábito de praticar exercícios físicos regularmente (aqui eu incluiria também alongamentos diários), com uma alimentação saudável e com o sono em dia.

Na sexta lição, Ben-Shahar ensina a importância de expressar o sentimento de gratidão sempre que tiver a oportunidade. Quando nos sentimos gratos, as vibrações desse sentimento são capazes de nutrir todas as nossas virtudes e deixar o nosso brilho ainda mais bonito.

Ao praticar constantemente a gratidão, aprendendo a apreciar e aproveitar todos os detalhes da vida, vamos perceber cada vez mais a existência de coisas pelas quais agradecer.

Comece agora, expresse sua gratidão desde coisas simples, como um "bom-dia", um sorriso, uma boa comida e uma gentileza, até os seus maiores ganhos. Reconheça o papel essencial das pessoas que te rodeiam e demonstre o quão grato você é em tê-las.

Aproveitando o gancho final do parágrafo anterior, a sétima e última lição trazida pelo "professor da felicidade" é: priorize seus relacionamentos. Um poderoso nutriente para a sementinha da felicidade que existe dentro de nós é o tempo que passamos com pessoas importantes, e que também se importam conosco. Se pudéssemos ver, com certeza, nos surpreenderíamos com tamanha fonte de felicidade que pode ser a pessoa ao seu lado.

Essas lições lembram uma fala da peça *Mil Palhaços* (1965), de Herb Gardner. Para mim, o trecho encaixa muito bem como um recado da felicidade, referindo-se a nós:

> **Quero que ele conheça exatamente a coisa especial que ele é, senão ele não perceberá quando ela começar a ir embora.**
> **Quero que ele permaneça desperto e [...] veja [...] as possibilidades mais loucas.**
> **Quero que ele saiba que vale a pena fazer de tudo só para dar ao mundo um pequeno pontapé quando se tem essa chance.**
> **E quero que ele saiba a razão sutil, fugidia e importante pela qual ele nasceu um ser humano e não uma cadeira.**

B) Oceano azul

O que proponho neste livro é um trabalho pessoal, a ser feito em cada um dos profissionais jurídicos. Toda a minha energia depositada nestas páginas foi para que chegassem até você ferramentas aptas a fortalecer o pilar que faltava na consciência do mercado de trabalho.

DIREITO COMPLEMENTAR ENERGÉTICO-EMOCIONAL

Atuando diretamente naqueles que operam uma grande massa intelectual e organizacional (queridos profissionais jurídicos), tenho a impressão de que conseguiremos ir convocando cada vez mais soldados para o nosso exército. Dessa forma, esse oceano azul ao qual estamos adentrando e explorando, e que visamos conquistar nosso espaço, terá mais chances de ser visto, considerado e valorizado.

"Oceano azul" é um termo técnico usado como referência a espaços de mercado inexplorados. Entendo que para muitos os assuntos abordados neste livro podem ainda representar uma realidade distante daquela a ser implementada na rotina jurídica. Outros irão defender que não passam de bobagens sem importância, alegando que diz respeito a uma apologia à folga e preguiça de trabalhar. Enfim, muito disseram, dizem e ainda dirão sobre as reflexões que trago aqui.

Todavia, continuarei firme defendendo o meu ponto de vista: nós, humanos, somos seres complexos e precisamos nos cuidar por completo. Sem isso em mente, ficaremos sempre nesse labirinto de prioridades desvirtuadas, antiéticas e artificiais, no qual uns são muito beneficiados com a degradação da saúde de outros.

Gosto de me referir ao assunto como sendo um oceano azul. Não em termos administrativos, como um negócio novo ou algum método de mercado, mas simplesmente por seu significado: algo ainda inexplorado.

Sem adentrar aqui em nenhuma estratégia de *marketing* ou plano de negócio para nosso tema, penso ser interessante usarmos de forma análoga o que um oceano azul significa para áreas empresariais.

Vou acompanhar a conceituação do termo feita por W. Chan Kim, administrador coreano especialista no assunto, em seu livro *A Estratégia do Oceano Azul*, adicionando meus comentários comparativos.

Em itálico temos a explicação do professor e, logo abaixo, estarão meus comentários análogos ao tema:

Novo espaço de mercado
O Cirque du Soleil foi bem-sucedido por ter percebido que, para vencer no futuro, as empresas devem parar de competir umas com as outras. A única maneira de superar os concorrentes é não mais tentar superar os concorrentes.

Durante anos o sistema usado no Brasil como base do funcionamento jurídico foi pautado no raciocínio do ganha-perde, isto é, para que alguém ganhe, o outro necessariamente precisa perder.

Foi com esse ponto de vista que a sistemática do nosso ordenamento se estruturou. A educação propagada por esse sistema é baseada no medo, na ameaça e no discurso violento, a mesma defendida pela Igreja Católica na Idade Média, que dizia existir um "Deus punitivo".

Em vez de investirmos em uma estrutura mental que pense e então entenda, como sendo uma conclusão óbvia, que matar, roubar ou estuprar são atos inaceitáveis e extremamente invasivos, optamos em adotar um discurso de violência e força, herdado do Direito Romano: roube e sofrerá uma pena.

Vejamos bem, não estou dizendo que isso não seja "justo". Afinal, como vocês bem leram na minha carta inicial deste livro, ainda não me sinto pronta para dizer que sei de fato o que significa tal palavra - continuo sem definir quais particularidades compõem o termo "justiça".

O que defendo é uma lacuna na raiz de tudo. Não há como um discurso de ódio prosperar e construir uma sociedade feliz e satisfeita. A violência, a desumanização e uma estratégia de ameaça são eternamente antagônicas a qualquer quadro de paz.

Acabamos inseridos em um sistema jurídico de competição, em que um vai sempre ter que perder, para que o outro ganhe. Todavia, não cabe o enraizamento de uma cultura de competição dentro de uma ciência sociorrelacional, que lida com pessoas.

Somos todos iguais, buscamos todos o mesmo: ser feliz. Sendo assim, é extremamente necessário que sejam revisadas nossas bases estruturais e compreendido, por vez, qual é verdadeiramente o objetivo dos operadores do Direito.

Para melhor compreender a proeza do Cirque du Soleil, imagine um universo de mercado composto de dois tipos de oceanos – oceanos vermelhos e oceanos azuis. Os oceanos vermelhos representam todos os setores hoje existentes. É o espaço de mercado conhecido. Já os oceanos azuis abrangem todos os setores não existentes hoje. É o espaço de mercado desconhecido.

Acompanhando a lógica traçada pelo professor, na esfera jurídica encaixamos o sistema atual no papel de oceano vermelho, vez que se trata dos setores que estão atualmente ativos. E a proposta reflexiva e integrativa do DCEE desempenha o papel de oceano azul da narrativa.

Nos oceanos vermelhos, as fronteiras setoriais são definidas e aceitas, e as regras competitivas do jogo são conhecidas. Aqui, as empresas tentam superar suas rivais para abocanhar maior fatia da demanda existente. À medida que o espaço de mercado fica cada vez mais apinhado, as perspectivas de lucro e de crescimento ficam cada vez menores. Os produtos se transformam em commodities e a "briga de foice" ensanguenta as águas, dando origem aos oceanos vermelhos.

Nosso oceano vermelho, que no caso seria a mentalidade atual do sistema jurídico, encaixa perfeitamente dentro das características descritas por Chan Kim. A parte em que "as empresas tentam superar suas rivais" poderia ser traduzida para o nosso cenário como: vivemos em uma ilusória luta do bem contra o mal, nutrida por um sistema de ganha-perde, alguém está sempre tentando superar outrem.

Os oceanos azuis, em contraste, se caracterizam por espaços de mercado inexplorados, pela criação de demanda e pelo crescimento altamente lucrativo. Embora alguns oceanos azuis sejam desbravados bem além das atuais fronteiras setoriais, a maioria se desenvolve dentro dos oceanos vermelhos, mediante a expansão das fronteiras setoriais vigentes, como fez o Cirque du Soleil. Nos oceanos azuis a competição é irrelevante, pois as regras do jogo ainda não estão definidas.

O DCEE, oceano azul, ainda pouco explorado, mas que já corrobora com algumas técnicas que veem sendo introduzidas no Direito atual, pretende sim se desenvolver dentro desse oceano vermelho e não como algo apartado.

O nosso objetivo é exatamente igual ao trazido pelo professor: expandir fronteiras setoriais vigentes, propondo novas regras para esse jogo (jurídico). Melhor dizendo, propondo a utilização de todas as partes humanas, incluindo aquelas que ainda não estão sendo devidamente valoradas, como nossa psique.

DIREITO COMPLEMENTAR ENERGÉTICO-EMOCIONAL

No oceano azul, representado pelo DCEE, a competição também é irrelevante, pois nossa mentalidade é pautada em um sistema de ganha-ganha, em que podemos sim explorar motivos mais profundos das pessoas para que consigamos melhorá-las e, então, reinseri-las na sociedade da melhor forma. E não defender um discurso de reinserção social inefetivo e polarizado.

Sempre será importante navegar com sucesso pelos oceanos vermelhos, superando os rivais. Os oceanos vermelhos sempre importarão e sempre serão uma realidade inevitável da vida dos negócios. Mas, com a oferta ultrapassando a demanda em cada vez mais setores, a competição por uma fatia de mercados em contração, embora necessária, não será suficiente para sustentar altos níveis de desempenho. As empresas precisam ir além da competição. Para conquistar novas oportunidades de crescimento e de lucro, elas também precisam criar seus oceanos azuis.

Não visamos, de maneira alguma, a uma revolução que liquide o nosso oceano vermelho, sistema que vige no Brasil há tantos anos. Como bem diz o professor, "sempre será importante navegar com sucesso pelos oceanos vermelhos(...). Os oceanos vermelhos sempre importarão e sempre serão uma realidade inevitável da vida (...)".

A gratidão a toda a estrutura jurídica que nos sustenta deve ser eterna, pois foi ela que nos fez chegar até aqui e nos faz querer melhorar. O raciocínio jurídico precisa ir além do sistema de ganha-perde, para que possamos explorar novas oportunidades de crescimento humano e social.

PARTE 5

Infelizmente grande parte dos oceanos azuis ainda não foi mapeada. O foco predominante dos trabalhos sobre estratégia nos últimos 25 anos se concentrou nos oceanos vermelhos da competição acirrada. O resultado foi o desenvolvimento de conhecimentos muito bons sobre como competir com habilidade em águas escarlates (...). Já se comenta sobre os oceanos azuis. No entanto, conta-se com pouca orientação prática como criá-los. Sem modelos analíticos para desbravar oceanos azuis e sem princípios sólidos sobre como gerenciar o risco de maneira eficaz, a criação de oceanos azuis continua sendo mera fantasia, vista como arriscada demais para ser perseguida como estratégia.

Todas as palavras deste livro buscam dar vida e força a esse oceano azul, para que ele deixe de ser mera utopia e passe ao concreto. Pensado com tanto carinho e respeito, o DCEE visa apenas acrescentar na saúde humana e no funcionamento social, atuando diretamente em nós, colegas jurídicos, na pessoa complexa que cada um representa, e na nossa qualidade de vida e de serviço.

C) Despolarização do conflito

O CEB (*Cultivating Emotional Balance*) ensina que a felicidade genuína se equilibra sobre três pilares: ética, equilíbrio mental e sabedoria. Atentemo-nos para o fato de que ser um erudito de alto nível intelectual não te faz necessariamente uma pessoa sábia.

A sabedoria atrela-se à consciência da ignorância, atribuir o conceito dessa palavra à soma de conhecimentos é o mesmo que brecar o vento e cessar as ondas. A sabedoria está composta de movimento constante, no qual não cabe o estático e inerte. Não é algo que, após uma leitura ou uma aula, poderíamos ter completo domínio. Nossa sabedoria será adquirida eternamente, aprimorada a cada nova lição que a alma absorver. Isso é bem diferente de qualquer conhecimento acadêmico.

Algo que vejo como um grande aliado a esses três pilares citados é o tema que trataremos agora. Lembre-se de que, quando estudávamos sobre a felicidade, uma de minhas falas foi voltada para o raciocínio de que "ser feliz" não significa não ter mais problemas na vida, e sim ser capaz de optar pela melhor forma possível de encará-los?

Pois é isso que exemplificaremos agora!

Como você entende um conflito?

A visão que o DCEE apoia está em sintonia com os novos paradigmas da Teoria do Conflito. Antes, encarávamos o conflito como algo ruim, desgastante, indesejável e disfuncional, em que necessariamente uma parte sairia como ganhadora e a outra, como perdedora (sistema de ganha-perde). Todavia, foi, por fim, entendido pela mente linear humana que a maneira como o conflito é considerado orientará a sua resposta.

O conceito de conflito pode ser explicado da seguinte forma: "é uma expressão de diferenças entre partes que acreditam que seus interesses não possam ser satisfeitos simultaneamente".

Logo, esmiuçando essa definição, entendemos que o conflito trata-se de processo complexo, com as seguintes características: é inter-relacional; envolve duas ou mais partes; trabalha com posições antagônicas em relação ao futuro; é algo co-construído; pode ou não ter a presença de processos agressivos; e a disputa representa apenas uma de suas etapas.

PARTE 5

A partir de um conflito inicial podem surgir novos braços de conflitos, visto que as coisas começam a se amontoar e corremos o risco de chegar a um ponto em que não sabemos nem quais eram as tratativas do nosso conflito raiz.

Partindo dessa cadeia que pode ser criada a partir de uma questão conflituosa, e do fato de que constantemente entramos em conflitos uns com os outros, foi percebido que adotar uma visão de enfermidade social para o conflito não seria frutífero. Então, passamos a cada vez mais superar o paradigma de qualidade como ausência de defeito.

Ao atribuir uma conotação positiva a esse procedimento complexo, ressignificamos os efeitos que a resposta desse conflito trará para nossa vida. Encarando essas situações de discordância como algo indispensável para a evolução humana; como um motor de mudanças capaz de gerar energia criativa e, portanto, novas ideias; e como uma oportunidade de desenvolvimento e crescimento pessoal, seu valor muda.

Com essa alteração de valor, passamos a ser capazes de gerenciar o conflito de uma forma que seja melhor para todos os envolvidos. Estejamos nós, profissionais jurídicos, posicionados como terceiro ou como um dos polos interessados.

Diante de uma situação complexa, inter-relacional, com posições antagônicas em relação a algo que está no futuro e que existe devido a uma co-construção das partes envolvidas, vejamos algumas formas alternativas de encarar tais cenários (em substituição a posturas agressivas e violentas).

O conflito é composto por narrativas, cada um conta a sua forma de encarar os fatos a partir de seu repertório pessoal.

Já estudamos isso, lembra? Tom Andersen, que foi citado anteriormente, nos explica que nossa atenção e nossas falas serão atraídas para coisas que cabem em nosso repertório. Além disso, aprendemos também que todo sentimento carrega por trás uma necessidade, que pode ou não decorrer de alguma crença enraizada mais profundamente.

Uma coisa importante a ser entendida é que as pessoas demonstram ao mundo externo apenas uma microponta de todo um *iceberg* escondido embaixo d'água.

Divido aqui uma imagem trazida em uma de minhas aulas na pós-graduação de Mediação Transformativa Reflexiva, que representa bem o que procuro dizer:

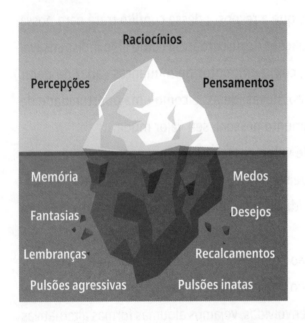

A mentalidade defendida por essa argumentação visa a uma despolarização do conflito, de forma que adotemos uma postura não julgadora, pois nunca teremos competência suficiente para poder julgar as atitudes de outra pessoa com a nossa absoluta certeza e convicção.

PARTE 5

> O ato ou efeito de não perceber um diálogo ou um conflito como se houvesse duas partes antagônicas ou dois polos distintos (um certo e outro errado) denomina-se despolarização.

É claro que, como foi dito durante a analogia feita com o texto do professor W. Chin Kim, o método tradicional adotado atualmente pela mentalidade jurídica será mantido e considerado para os casos em que esse tipo de ponderação não for cabível. Todavia, há de haver sim um discernimento interno pessoal em cada operário do Direito, como profissional e como pessoa, para saber a dosagem das aplicações de cada um dos raciocínios existentes.

Acredito importante dividir nesse momento um trecho da obra *The Resolution of Conflict: Constructive and Destructive Processes*, de Morton Deutsch[1]:

> PROCESSOS CONSTRUTIVOS: se conduzido construtivamente, o conflito pode proporcionar crescimento pessoal, profissional e organizacional. Se caracterizam por abordar: além das questões juridicamente tuteladas, todas e quaisquer questões que estejam influenciando a relação (social) das partes.
>
> PROCESSOS DESTRUTIVOS: são caracterizados pelo enfraquecimento ou rompimento da relação social preexistente à disputa em razão da forma pela qual esta é conduzida.

---

1 Morton. *The Resolution of Conflict: Constructive and Destructive Processes*. New Haven: Yale University Press, 1973. Cabe destacar que três capítulos desse trabalho foram traduzidos e podem ser encontrados na obra AZEVEDO, André Gomma de (Org.). Estudos em arbitragem, mediação e negociação. Brasília: Ed. Grupos de Pesquisa, 2004. v. 3.

DIREITO COMPLEMENTAR ENERGÉTICO-EMOCIONAL

Usar ou não, em sua vida, as ferramentas abordadas neste livro, decorrerá de uma constante feitura de escolhas. Sempre haverá uma diversidade de reações cabíveis em uma determinada situação da vida, a forma como iremos responder ao mundo externo é sim uma escolha nossa.

Robert A. Baruch Bush e Sally Ganong Pope defendem que o que mais afeta e preocupa as pessoas envolvidas em um conflito é a crise que se instaura na interação humana entre estes indivíduos. Mais uma vez, nos deparamos com uma situação relacional.

Não é possível fugir do estabelecimento de relações a cada instante de nossas vidas. A própria palavra já insinua isso: re–lações; criação repetida de laços. Encaro esse conceito com uma visão baumiana (de Zygmunt Bauman), nossas relações são movimentos, líquidos e fluídos. Por isso, para que o contexto completo seja muito bem aproveitado, é necessário criar uma base sólida de inteligência emocional e gestão energética para sabermos escolher as nossas batalhas.

Nem todas as batalhas em que estamos envolvidos são realmente nossas, essa análise é essencial: separe o que é parte do seu processo e o que é do outro. E mais, nem todas as batalhas que são realmente nossas merecem ser traçadas. Lembre-se de que você constrói a sua realidade, materializa como fatos em sua vida a mesma carga energética que deposita ao mundo.

Saiba o que vale a pena sua energia, escolha suas batalhas com carinho. Quando estiver perante um conflito que não é seu, ou que seja seu, mas que não valha a pena prosperar de uma forma negativa, faça uso das ferramentas que aqui divido e expresse a voz genuína do seu coração.

Quando falamos com o coração, expomos ao mundo a nossa real verdade. Não alimente criações ilusórias e egoicas em seu interior, não vale a pena.

PARTE 5

Vamos construir um mundo com mais relações como as de jogo de frescobol: focadas no coletivismo e no benefício de todos os envolvidos, em que o objetivo está na resolução e continuação do jogo, e os conflitos são usados para a elevação do nível de conversa entre os jogadores. E evitar relações de jogo de tênis, focadas no erro, no cansaço e na fraqueza do outro, e não na busca de um bem comum.

D) A arte da comunicação

Qual é o papel que a comunicação tem na sua vida?

Ou melhor, reformulando: de zero a dez, qual a nota que você daria para a importância da comunicação no geral?

É raro pararmos para pensar no que representa o termo comunicação em nossa realidade tal como é. Uma pena, deveríamos fazê-lo mais!

Estamos falando da tecnologia de convívio mais importante que temos à disposição. Tudo surge a partir de um ato de comunicação. Quando dotado de aprendizado ético, emocional e social, o resultado é melhor ainda.

É impossível não se comunicar. Todo comportamento representa uma forma de comunicação, seja uma atividade ou uma inatividade, tudo carrega um valor de mensagem.

Qualquer tipo de comunicação está composto por um conteúdo, que são os dados trazidos pelo comunicador, a informação em si; e por um aspecto relacional, ou seja, sempre revela algo sobre quem se comunica.

Sem contar o fato de que nós, seres humanos, nos comunicamos de forma digital e analógica (verbal e não verbal). A nossa mensagem é transmitida 50% pelas palavras que usamos e sobre o que estamos dizendo (verbal) e

DIREITO COMPLEMENTAR ENERGÉTICO-EMOCIONAL

outros 50% pela forma como é dita tal fala (não verbal). A linguagem corporal, o tom de voz, os gestos, a gestão do silêncio, as expressões do rosto etc. transmitem mais informação do que imaginamos.

A perspectiva do construcionismo social faz uma comparação interessante da teoria da linguagem e comunicação no que chamam de "velho paradigma" e "novo paradigma" (tempos em que estamos entrando agora, passamos a questionar e contestar muitas das coisas que eram vistas como "normais").

No "velho paradigma", reinava uma linguagem representacional, a qual encabeçava a comunicação como transmissão de mensagem propriamente, adotando uma posição secundária dentre os processos da vida. Nesse "novo paradigma" em que estamos entrando a visão passou de pato para ganso: a linguagem é o elemento responsável pela construção do mundo, pela comunicação é que se dá o processo construtivo da vida. A comunicação é simplesmente o processo social primário.

A construção de uma sociedade parte da forma como se realizam os processos comunicativos em sua história. Por isso, se faz de extrema importância que incluamos na educação básica aprendizados de "como dialogar". Um modelo de comunicação puramente emissor-receptor não se encaixa mais com os níveis de evolução intelectual, emocional, espiritual e, até mesmo, física do ser humano.

Cada vez fica mais insustentável tratar um sistema de linguagem como sendo apenas o intercâmbio de mensagens isoladas, que visam à transmissão intermitente de informações baseadas em um raciocínio linear. Há de existir o espaço para a reflexão, para a criação, para a imaginação, experimentação e sensibilização – em todas as áreas.

PARTE 5

Estamos tendo a oportunidade de perceber a riqueza que existe na convivência entre gerações tão próximas cronologicamente, mas tão diferentes em sinapses, impulsos, sonhos, vontades e consciência. Para que possamos colher bons frutos desse cenário, devemos encarar a comunicação como um processo de criação conjunta de significados. É a partir da linguagem que são construídas as relações, as práticas, as identidades e todas as demais formas de realidade social.

Dora Fried Shinitman e Stephen Littlejohn ainda dizem mais: é tempo de enxergarmos a comunicação como um sistema em contínua evolução, que segue um padrão ininterrupto de interações.

Outra comparação construcionista social que acredito ser válida abordar é aquela que apresenta as diferenças entre uma comunicação monológica e uma comunicação dialógica. Esse ponto cai como uma luva na realidade jurídica que vivemos.

A comunicação monológica segue uma lógica disjuntiva: ou é isto ou é aquilo, que, no fim, sempre acaba classificando um vencedor e um perdedor. Esse é o tipo de linguagem coerente com o raciocínio do litígio.

Esse sistema de comunicação alimenta a cultura da competição e afasta o ser humano de sua essência compassiva e empática. Sim, pasmem, nós temos uma! Ela só está um pouco (muito) atrofiada por falta de uso. A lógica única de "eu tenho a razão" não prepara terreno algum para o diálogo e a troca.

Com essa mentalidade, bateremos eternamente na tecla do "quem sabe mais", "quem fala mais difícil", "quem é bom e quem é mau". Essa dualidade de conto de fadas não define, nem representa, a verdade de nossa realidade.

Por outro lado, uma comunicação dialógica está baseada em um fundamento inclusivo, em que o "isto" e o "aquilo" podem estar unidos pelo conector aditivo "e" em uma mesma frase. Já não é mais necessário que haja um vencedor e um ganhador, tudo bem se encontramos um caminho em que haja dois ganhadores, ou até dois perdedores, a depender da situação.

Esse tipo de comunicação abre portas para a troca de ideias e opiniões, permite a experiência de novas visões de mundo e levanta ponderações surpreendentes. É basicamente uma visão panorâmica de algo que antes estava sendo conduzido por uma imagem com *zoom*. Viver é relacionar-se! O mínimo é que saibamos ter uma conversação e uma postura reflexiva, ainda mais alguém que exerce a "profissão das relações".

E) Conclusão

Tendo todas essas informações em mente, gostaria de finalizar o capítulo trazendo uma frase que me foi passada por um professor da faculdade, usando uma colocação do ex-ministro Eros Grau. Não saberia trazer ao pé da letra as exatas palavras que foram usadas, mas a mensagem a ser transmitida eu nunca mais esqueci:

"Enquanto a sociedade sobe de elevador,
o Direito sobe pela escada".

Essa frase parece simples, mas tem uma carga muito intensa no recado a ser dado. Sempre pegou muito para mim o que está dito ali, porque eu sei que corresponde com a verdade dos fatos. Isso me frustra. Bem, frustrava! Não me conformava que me tornaria uma profissional jurídica, representante dessa ciência tão complexa de relações, e não faria nada para que entrasse todo mundo nesse elevador.

PARTE 5

Precisei passar por diversas áreas da profissão, tirar um tempo do mundo jurídico, para então voltar e perceber que esse Direito, que na época do ex-ministro subia de escada, ainda estava no mesmo estágio, mas com o agravante de que virara um manco com dor.

Não sossegaria até pelo menos tentar fazer com que esse manco, tão importante, e que tanto tenho apreço, se curasse e se tornasse um atleta capaz de subir uma escada mais rápido que um elevador normal.

E, então, cá estou, batendo na mesma tecla que Plutarco batia em 46 d.C.: "educação não é sobre encher um balde, mas sobre acender uma chama". Fazendo os devidos ajustes ao tema, é isso: busco acender uma chama e dar luz a todas as sombras que pairam sobre o nosso sistema jurídico.

Ao mantermos o Direito fechado para todos os avanços e conhecimentos que, rapidamente, têm tomado força e criado raízes em nosso funcionamento social, assim como relutante em aceitar que somos seres complexos e sutis, estamos fazendo o mesmo que tentando rolar um cubo.

Há de caber uma cadeira jurídica para a sensibilidade sentar-se, ao lado do racional, lógico e positivado. Só falta ela!

Que possamos nos aceitar como seres humanos e transformar nossa organização social em uma verdadeira ciência de relações, em que todas as nossas facetas são acolhidas e valorizadas! Só assim será possível honrar as palavras que carregam todo o sentido da existência do Direito: pessoas e paz.

ORÁCULO DE REFLEXÕES FINAL

Para o nosso momento final de reflexões, divido aqui um texto que escrevi em novembro de 2019, deixando que os comentários a ele te acompanhem:

"As coisas acontecem...
Acontecem comigo, contigo,
com eles.
Somos todos vítimas do acaso...
Ou melhor,
Somos todos parte de algo,
algo que não é,
mas insistimos em definir esse ser.

Não existe acaso.
Afinal, o que é acaso?
Se faz acaso aquilo que não encaixa em nossa limitada definição do que
é pra ser?

Somos isso, isso agora.
Somos poeira, sentimento e água.
Somos muitos, somos tudo e somos nada.

Somos instantes,
vulnerabilidade,
ilusões de verdades,
Somos iniciantes.
Essa é nossa escola do infinito.
Mal sabemos nós o que nos espera lá fora!

PARTE 5

Como é bom ser criança,
mas como assusta não saber o que é ser adulto!

Às vezes imaginamos,
Sonhamos,
Idealizamos...
Mas na hora de racionalizar, hesitamos.

Medo, talvez?
Concluímos:

Não sabemos nada
Nem quem somos
Nem o quê
Nem por quê.

Então, qual é o propósito?
Ele é.

Simplesmente é.

E tem que ser.
Isso tampouco sabemos!

Somos algo em experiência,
Incerto,
Complexo
e profundo.
Saudosos lembramos
o que pudemos passar,
e pulsando, sentimos em todo nosso ser,

DIREITO COMPLEMENTAR ENERGÉTICO-EMOCIONAL

com quem pudemos estar.

O que vale, no fim, é isso!
É ser
Sentir
Conviver
Dividir.

Senão, o que então?

O momento de agora
chamamos de "presente",
Mas será que nossa mente
de fato o considera?

Todo instante lhe é dado,
em embalagem e com cartão,
Qual é o valor desse presente
dentro do seu coração?

Fato é,
Não é.

Nada é, nada somos.
Portanto, estejamos!
Estejamos aqui, aproveitando aquilo que não sabemos o que é,
mas simplesmente é.
Esteja inteiro,
você não vai ganhar esse presente de novo.

Entregue-se ao simplesmente ser.

PARTE 5

E ser tudo, ser muito!
Você é, mas só hoje!
Só agora!

A (grande!) sorte é que não somos sozinhos...
Em ti tem um pouco de cada,
e em cada tem um pouco de ti.

Se isso é bom ou ruim?
Não sei...
O que penso querer,
não passa de ilusão de poder.
Pouco controlamos,
na verdade, o que é controlar?
Nada.
No fim, tudo simplesmente é!

Isso é forte.
Às vezes confuso e perturbador,
Outras, chega trazendo conforto e alívio.
Independente do que seja, é.
E se é, tinha que ser!

É maior que nossa capacidade de compreensão...se é que temos alguma.

Já que é, que seja tudo!
Hoje é tudo!
Amanhã?
Não sei...não é".

Marcela Dominguez, 17 de novembro de 2019.

Bibliografia

ABBAGNANO, Nicola. *Dicionário de filosofia*. 5. ed. São Paulo: Martins Fontes, 2007.

ALMEIDA, Tania. *Caixa de ferramentas em mediação: aportes práticos e teóricos*. 4. ed., Dash Editora, dezembro de 2018.

ASSMANN, Selvino José. *Filosofia e ética*. Florianópolis, Brasília: UFSC, CAPES, UAB, 2009.

AZEVEDO, André Gomma de (Org.). *Estudos em arbitragem, mediação e negociação*. Brasília: Ed. Grupos de Pesquisa, 2004. v. 3.

BEGLEY, Sharon. *Treine sua mente, mude seu cérebro*. São Paulo: Fontanar Editora, 1. ed., 2008.

BEN-SHAHAR, Tal. *Aprenda a ser feliz*. São Paulo: Lua de Papel, 17 de agosto de 2009.

BUNGE, Mario. *Dicionário de filosofia*. Tradução de Gita K. Guinsburg. São Paulo: Perspectiva, 2002. (Coleção Big Bang).

BUSCH, Robert A. Baruch and POPE, Sally Ganong. *Changing the Quality of Conflict Interaction: The Principles and Practice of Transformative Mediation*. 3 Pepp. Disp. Resol. L.J.Iss. 1 (2002).

DALE, Cyndi. *Manual prático do corpo sutil: o guia definitivo para compreender a cura energética*. São Paulo: Editora Cultrix, 2017.

ESCH, T. [Health in *Stress: Change in the Stress Concept and its Significance for Prevention, Health and Life Style*]. Gesund-heitswesen 2002; 64:73–81.

FERRAZ, Carlos Adriano. *Ética: elementos básicos*. Pelotas: NEPFil online, 2014. Disponível em: <http://nepfil.ufpel.edu.br/publicacoes/3-etica-elementos-basicos.pdf>. Acesso em: 18 de mar. de 2016.

JAPIASSU, Hilton; MARCONDES, Danilo. *Dicionário básico de filosofia*. 3. ed. Rio de Janeiro: Jorge Zahar Editor, 2001.

LAMA, Dalai & GOLEMAN, Daniel. *Como lidar com emoções destrutivas*. Rio de Janeiro. Editora Campus, 2006.

LAMA, Dalai. *Consciência emocional*. São Paulo: Prumo Editora, 1. ed., 2008.

MORTON. *The Resolution of Conflict: Constructive and Destructive Processes*. New Haven: Yale University Press, 1973. Cabe destacar que três capítulos desse trabalho foram traduzidos e podem ser encontrados na obra.

POWELL, Wayne Kealohi and MILLER, Patricia Lynn . *Hawaiian Shamanistic Healing: Medicine Ways to Cultivate the Aloha Spirit*. Ed. Llewellyn. april 2018.

ROSENBERG, Marshall B. *Comunicação não-violenta: técnicas para aprimorar relacionamentos pessoais e profissionais*. São Paulo: Ágora Editora, 2006.

VALLS, Álvaro L. M. *O que é ética*. São Paulo: Editora Brasiliense, 1994. (Coleção Primeiros Passos, 177).

YOGANANDA, Paramahansa. *Autobiografia de um iogue*. Rio de Janeiro: Lótus do Saber Editora, 2006.